安徽省重点马克思主义学院（安徽农业大学马克思主义学院）建设成果
安徽农业大学繁荣发展社科基金项目"王充政治思想中的儒学因素"（2018zs14zd）成果
安徽农业大学引进与稳定人才项目"王充儒学思想研究"（yj-2018-46）成果

王 充
儒道思想评介

Confucianism
and Taoism Tought of Wong Chong

颜莉 著

社会科学文献出版社
SOCIAL SCIENCES ACADEMIC PRESS (CHINA)

目录 CONTENTS

- **引 论** / 001
  - 一 王充生平简介 / 003
  - 二 学术界关于王充思想的研究 / 005
  - 三 近五十年来王充先秦儒道思想研究 / 011
  - 四 选题的缘由与意义 / 020

- **第一章 天论** / 027
  - 一 王充与孔子天论 / 030
  - 二 王充与孟子天论 / 042
  - 三 王充与荀子天论 / 050
  - 四 王充与老、庄天论 / 057

- **第二章 天命论** / 069
  - 一 王充与孔子天命论 / 073
  - 二 王充与孟子天命论 / 077
  - 三 王充与荀子天命论 / 086
  - 四 王充与老、庄天命论 / 091

- **第三章 人性论** / 097
  - 一 王充与孔子人性论 / 100

二　王充与孟子人性论 / 105
三　王充与荀子人性论 / 110
四　王充与老、庄人性论 / 115

第四章　认识论 / 125
一　王充与孔子认识论 / 128
二　王充与孟子认识论 / 133
三　王充与荀子认识论 / 140

第五章　政论 / 147
一　王充与先秦儒家政论 / 150
二　王充与先秦道家政论 / 163

第六章　自然观 / 173
一　王充与先秦儒家自然观 / 176
二　王充与先秦道家自然观 / 178

第七章　王充对先秦儒道思想的评判 / 193
一　王充对先秦儒道思想评判的内容 / 195
二　王充对先秦儒道思想评判的目的 / 198
三　王充对先秦儒道思想评判的历史影响 / 202

结　语 / 211

主要参考文献 / 217

INTRODUCTION 引 论

—— 王充儒道思想评介

一

王充生平简介

王充,字仲任,会稽上虞(今浙江省绍兴市上虞区)人,东汉著名思想家。钱穆先生认为:"两汉思想,董仲舒是正面,王充是反面,只此两人,已足代表。董仲舒上承邹衍,王充则下开魏、晋。魏、晋人在中国思想史上之贡献,正为其能继续王充,对邹、董一派天人相应,五行生克,及神化圣人等迹近宗教的思想,再加以一番彻底的澄清。"①梁启超曾评价王充所著《论衡》为"汉代批评哲学第一奇书"②。可见,王充在汉代思想史上具有重要地位。关于王充的生平,可靠的来源有二。

一是《论衡·自纪》。王充本人将《论衡》评价为:"'《诗》三百,一言以蔽之,曰:思无邪。'《论衡》篇以十数,亦一言也,曰:'疾虚妄。'"(《论衡·佚文》)《论衡·自纪》载,王充祖籍魏郡元城(今河北省大名县),因祖上立有军功,被封为会稽郡的阳亭侯。被封一年后因变乱而失去封地,后"以农桑为业"。曾祖父王勇"任气",跟多人合不来。灾荒时,还拦路杀伤过人,仇人众多。因"恐为怨仇所擒",后移居至钱唐县,以经商为业。祖父有两个儿子,长子叫王蒙,次子叫王诵,王诵就是王充的父亲。王家祖祖辈辈好意气用事,到了父辈王蒙、王诵这代又因"勇势凌人",而"与豪家丁伯等结怨",后"举家

---

① 钱穆:《中国思想史》,九州出版社,2012,第116页。
② 梁启超:《中国近三百年学术史》,商务印书馆,2014,第291页。

徙处上虞"。王充本着"疾虚妄"的治学态度，客观地陈述了其祖上三代的历史，却因此遭到后世的指责。徐复观也由此认为"王充在《自纪》篇中所以诋及其祖与父，乃因为在王充思想中，根本没有孝的观念"①，从而得出王充自称"乡里称孝"是无稽之谈。王充的性格与其祖辈迥然不同，"六岁教书，恭愿仁顺，礼敬具备，矜庄寂寥，有臣人之志"（《论衡·自纪》）。

二是范晔《后汉书·王充王符仲长统列传》。范晔将王充、王符、仲长统三人合传，大概是因为他们的代表作品的内容多在评论当世的对错得失。

> 王充字仲任，会稽上虞人也，其先自魏郡元城徙焉。充少孤，乡里称孝。后到京师，受业太学，师事扶风班彪。好博览而不守章句。家贫无书，常游洛阳市肆，阅所卖书，一见辄能诵忆，遂博通众流百家之言。后归乡里，屏居教授。仕郡为功曹，以数谏争不合去。
>
> 充好论说，始若诡异，终有理实。以为俗儒守文，多失其真，乃闭门潜思，绝庆吊之礼，户牖墙壁各置刀笔。著《论衡》八十五篇，二十余万言，释物类同异，正时俗嫌疑。
>
> 刺史董勤辟为从事，转治中，自免还家。友人同郡谢夷吾上书荐充才学，肃宗特诏公车征，病不行。年渐七十，志力衰耗，乃造《养性书》十六篇，裁节嗜欲，颐神自守。永元中，病卒于家。（《后汉书·王充王符仲长统列传》）

《后汉书》记载，王充曾"受业太学，师事扶风班彪"，后因此步入仕途，又因仕途坎坷回到家乡"闭门潜思"，开始创作《论衡》。最后一次出仕时已60岁，一年多以后辞职回家。卒于公元97年，享年70岁。《论衡》85篇，20余万言。今本《论衡》遗失《招致》篇，实存84篇。《论衡》因具有强烈的批判性，在很长一段时间里并没有受到重视。

---

① 徐复观：《两汉思想史》（二），九州出版社，2014，第516页。

二

学术界关于王充思想的研究

学术界关于王充思想的研究主要集中在以下几个方面。

(一) "气"论

"气"论是王充思想的重要组成部分,所以,谈论王充思想,"气"是不可回避的话题之一。任继愈在《中国哲学发展史·秦汉》一书中认为,"王充用气、气化来说明万物与人的产生和各种自然现象","有时将气与元气通用,肯定元气为宇宙本源,又是宇宙间的基本状态"。① 周桂钿在《王充哲学思想新探》中认为王充之"气"大体包括如下五个部分:第一,"王充经常把'气'和有形体的物相对为言";第二,"无形体的气和有形体的物的关系,王充认为是可分可合的";第三,"王充认为,气是没有意识的";第四,"王充认为,天地通过气产生万物,影响万物";第五,"王充认为,气的本质是不变的"。② 李维武在《王充与中国文化》中说:"王充认为,万物是由'气'构成的。'气'是一种物质性的细微的基质,包括阴阳二气。'气'有运动,有聚散,造成万物的生成与变化。因此,在'气'的本原性这个意义上,'气'又称为'元气'。"③ 邓红在《王充新八论》中认为王充"说的'气'是天地之气,故为阴阳之气"④,所以,"王充的'气'和汉儒们所说的阴阳五行之气并没有什么本质上的区别"⑤。董平在《浙江思想学术史——从王充到王国维》中认为:"王充主张世界现象统一于'气'。按照他的见解,气是构成物质世界的原始基质,其存在

---

① 任继愈主编《中国哲学发展史·秦汉》,人民出版社,1985,第519、520页。
② 周桂钿:《王充哲学思想新探》,福建教育出版社,2015,第72~74页。
③ 李维武:《王充与中国文化》,贵州人民出版社,2000,第44页。
④ 邓红:《王充新八论》,中国社会科学出版社,2003,第140页。
⑤ 邓红:《王充新八论》,中国社会科学出版社,2003,第117页。

具有某种客观的绝对性,在逻辑上则是先于任何一种具体现象之存在的。"① 金春峰在《汉代思想史》一书中认为王充属于气一元论是毋庸置疑的:"王充认为,元气是世界的基元。天地间的一切,包括天上的日月星辰,地上的飞潜动植,都是由元气构成的。……人的精神智慧来源于精气,即一种精细的具有精神属性的气。"② 曾振宇认为:"王充继承了前人'和气'思想。一方面将阴阳二气看成是气本原内在的属性,这与《易传》阴阳理论是一致的;另一方面,王充认为,只有阴阳二气和谐,宇宙万物才能正常地化育。"③ 以上种种关于王充"气"论的阐述,都认为王充之"气"具有客观性、本体性、物质性以及自然性等特点。

(二)"命"论

王充客观地分析了传统"命分三品"说的内在矛盾,并在此基础上提出"命分二品"说,将"命"分为"强弱寿夭之命"和"所当触值之命"两类。关于王充"命定论"思想,学术界相关研究成果颇丰。如黄绍梅在《王充〈论衡〉的批判精神》一书中认为:"遇偶及遭累害'皆由命'的'命',含有必然不可违逆的结果。来自外在的影响的遇偶及遭累害等触值之命看似偶然,但却是命定必然。"④ 不论是生死寿夭之命还是贵贱贫富之命,都受"触值之命"的制约,王充"命定论"主要说的是个人命运在"禀气之命"与"触值之命"二者的制约中运行。邓红在其《王充新八论》一书中认为王充的"命"论大体有三种含义。一是"吉凶之主",这种主宰针对的不仅是个体的人,还有由无数个体的人所构成的国家;二是"自然之道","自然界和人类社会历史的运行规律是'自然',也就是事物的必然性",从本质上看强调的是一种不可人为的自然规律;三是"适偶之数",从本质上看这种"适偶之数"说的是一种偶然性,这种偶然

---

① 董平:《浙江思想学术史——从王充到王国维》,中国社会科学出版社,2005,第6页。
② 金春峰:《汉代思想史》,中国社会科学出版社,1997,第511页。
③ 曾振宇:《中国气论哲学研究》,山东大学出版社,2001,第102页。
④ 黄绍梅:《王充〈论衡〉的批判精神》,(台北)文史哲出版社,2011,第147页。

性由"自然之道"的必然性造成，正是因为自然规律具有不可人为性，才会有偶然性的存在。① 韦政通在《中国思想史》中谈到王充之"命"时，认为其属于天命论，与子夏所谓"死生有命，富贵在天"思想相同，"不是教化能改变的"。② 金春峰在《汉代思想史》中认为王充否认当时神学迷信的说教，"认为这些与神无关，也与他人的操行无关，而是由气所命定的"，"'命'只是决定人的'命运'的潜在的可能性，它的实现，还取决于某种偶然性"。③ 金春峰通过一系列逻辑推演，得出王充自反对神学开始，最终却又陷入神秘主义的结论。李维武在《王充与中国文化》中将王充的"命"与"时"放在一起，认为"命"与"时"对于人类来说是无常的，这种无常是"自然"的产物，并非"天命"的安排，李维武认为王充将"命"与"时"放在一起论述对后世的影响非常大："王充的命定论凸显出'时'与'命'对人的生存的巨大限制，这在中国思想史上也同样产生了深远的影响……王充之后，一些重要的思想家也用'时'与'命'来解释社会生活中的种种不平等现象。"④ 董平在《浙江思想学术史——从王充到王国维》中则认为："在王充思想之中，其命运论与其疾虚妄的批判精神显得非常不和谐……命定论的建立几乎否证了他所肯定的'天道无为，人道有为'这一基本的理论前提。"⑤ 周桂钿在《虚实之辨：王充哲学的宗旨》一书中认为王充相信有命，"肯定了人生吉凶祸福、富贵贫贱、强弱寿夭都是有命的"，但同时也不能忽视"时"的作用。⑥

（三）人性论

学术界关于王充人性论的研究大体分为三类：一类将之定义为"性三品"说；一类将之定义为"性有善有恶"说；一类则认为二者兼有，"性

---

① 邓红：《王充新八论》，中国社会科学出版社，2003，第93~97页。
② 韦政通：《中国思想史》，吉林出版集团有限责任公司，2009，第394页。
③ 金春峰：《汉代思想史》，中国社会科学出版社，1997，第531、536页。
④ 李维武：《王充与中国文化》，贵州人民出版社，2000，第126页。
⑤ 董平：《浙江思想学术史——从王充到王国维》，中国社会科学出版社，2005，第28页。
⑥ 周桂钿：《虚实之辨：王充哲学的宗旨》，福建教育出版社，2015，第79页。

有善有恶"说同"性三品"说都是王充人性思想的基本内容。

周桂钿在《虚实之辨：王充哲学的宗旨》一书中认为："人性有善恶差别，也就有了上中下之分。王充认为孟轲言人性善者，中人以上的人；孙卿言人性恶者，中人以下的人；扬雄言人性善恶混者，是指中人。"周桂钿还认为王充对人性进行的上、中、下三等划分，对后世"性三品"说的影响是巨大的。① 董平在《浙江思想学术史——从王充到王国维》一书中则认为："孟子提倡性善，荀子言性恶；王充则主张性有善有恶，其理论依据是人禀天地之气以生，其所禀之气有薄厚，便即决定了人性有善有恶。"董平还认为"'用气为性'是王充人性论的特点；禀气有厚薄，故人性有善恶，则是其基本观点"。② 陈少峰在《中国伦理学史》中认为王充人性论最大的贡献是"否定了开始流行起来的性善情恶的人性论"。③ 李维武在《王充与中国文化》中认为："根据人性善恶之分，王充把人分为上中下三类：中人以上是人性善者，中人以下是人性恶者，中人是人性善恶混者。"李维武还认为，在王充看来，"中人以上"和"中人以下"都只占极少数，唯"中人"占大多数，然后又提出通过教化与学习的途径来改造人性的主张。④ 黄绍梅在《王充〈论衡〉的批判精神》一书中认为王充受孔子的"惟上知与下愚不移"影响而做人性的区分⑤，并"依所禀德性、智慧及情欲的不同，分为中人以上、中人以下和中人三等"⑥。杨国荣在其主编的《中国哲学史》中明确指出："性有善有恶和性三品是王充人性论的基本观点。"⑦

以上三种观点在学术界较为普遍，除此以外，还有部分学者对此问题持不同的观点。如王举忠在《王充论》一书中认为王充对人性的看法是"性无

---

① 周桂钿：《虚实之辨：王充哲学的宗旨》，福建教育出版社，2015，第103页。
② 董平：《浙江思想学术史——从王充到王国维》，中国社会科学出版社，2005，第25页。
③ 陈少峰：《中国伦理学史》，北京大学出版社，1996，第91页。
④ 李维武：《王充与中国文化》，贵州人民出版社，2000，第97~98页。
⑤ 黄绍梅：《王充〈论衡〉的批判精神》，（台北）文史哲出版社，2011，第299页。
⑥ 黄绍梅：《王充〈论衡〉的批判精神》，（台北）文史哲出版社，2011，第306页。
⑦ 杨国荣主编《中国哲学史》，中国人民大学出版社，2012，第130页。

善恶",并认为王充用"异化"的概念来解释"善可变为恶,恶可变为善"的理论,从本质上看,说的就是"改变原来的质性……并且修正了他的禀气说之人性论"。① 概言之,王举忠认为在人性论问题上,王充"既反对人性善说,又反对人性恶说,克服了以往人性论单纯先验性,并与物质生活紧密联系起来。他提出的人性论是无善恶说"。② 韦政通在《中国思想史》中认为王充人性论的主要观点是"用气为性,性成命定",还认为:"在政治社会的环境中,王充又认为'可教告率勉,使之为善'。"③

(四) 鬼神论

学术界普遍认为王充是无神论者,但是,也有部分学者认为王充对鬼神并没有进行直接否定,其中最有代表性的是钱锺书,他认为:"充虽勿信神仙,而甚信妖怪,其《论死》、《纪妖》、《订鬼》诸篇所持无鬼论,亦即有妖精论。"④ 可见,在钱锺书看来,王充依然是有神论者。

黄绍梅在《王充〈论衡〉的批判精神》一书中认为王充的"无鬼论"是"针对当时厚葬铺张奢侈的社会风气而发",并认为王充提出"无鬼论"主要是为了批判东汉厚葬的社会现象、儒家的厚葬思想、墨家的明鬼思想以及汉代的社会习俗。⑤ 李维武在《王充与中国文化》中认为"王充思想的一个极显著的特点,就是具有强烈的批判精神",而王充"无鬼论"思想便建立在对鬼神迷信进行批判的基础之上。李维武还认为王充对鬼神迷信的批判主要包括对鬼神观念的批判、对卜筮活动的批判以及对禁忌迷信的批判等方面。⑥ 周桂钿在《虚实之辨:王充哲学的宗旨》一书中认为,"王充利用墨家的'三表'驳斥它的有鬼神论,论证无鬼神论",还从生理、伦理等诸多层面"肯定人死以后不会变成鬼去害人,鬼也不可能是人

---

① 王举忠:《王充论》,辽宁大学出版社,1991,第187页。
② 王举忠:《王充论》,辽宁大学出版社,1991,第186页。
③ 韦政通:《中国思想史》,吉林出版集团有限责任公司,2009,第392~393页。
④ 钱锺书:《管锥编》,生活·读书·新知三联书店,2007,第1971页。
⑤ 黄绍梅:《王充〈论衡〉的批判精神》,(台北)文史哲出版社,2011,第199页。
⑥ 李维武:《王充与中国文化》,贵州人民出版社,2000,第194页。

的精神变成的"。周桂钿先是论述了王充对鬼神的否定及批判,接着又论述了鬼神现象存在的原因。① 田昌五在《王充及其论衡》中肯定了"王充是我国历史上少有的伟大的无神论者",认为王充以为"鬼神是人们思维的产物。不是神创了人,而是人创造了神"。② 王举忠在《王充论》中认为"王充把人的生死原因看成是元气运动变化的过程"③,"不仅大胆地否定祭祀鬼神的传统迷信,否定鬼神的存在,同时还指出祭祀鬼神迷信产生的原因。把迷信鬼神归结于政治的腐败和人们的愚昧以及统治者的提倡"④。徐敏在《王充哲学思想探索》一书中认为王充将人的"精神"与"形体"对立起来,认为"人依靠有精神才能活着,如果精神消亡,人就死亡了"⑤;王充的无鬼论不仅仅停留在理论层面,甚至还"运用他的无鬼论观点开展对社会的批判"⑥,而且,"还表现在他用无鬼论,批判祭祀以及其他迷信的宗教仪式"⑦。

邓红在《王充新八论》一书中认为应该全面地检讨王充的鬼神妖论,并认为:"王充只反对死人(的灵魂)变鬼之说,而主张鬼神妖是由万物之精灵即死人以外之怪物变来的。也就是说,王充的鬼神妖说是二元论。"⑧ 陈拱在《王充思想评论》一书中认为在王充视界中"人死不为鬼、无知、不能害人"⑨,还认为"王充虽然否认人死为鬼,但在名义上,依然是承认有鬼的,而且,在名义上,鬼与神也是可以有其不同的"⑩,"鬼虽然不是客观的真实存在,而只是人在不正常状态下所产生的虚像,但它又是可以归属于妖的。妖是多的,而鬼是其中的一种"⑪。董平在《浙江思想

---

① 周桂钿:《虚实之辨:王充哲学的宗旨》,福建教育出版社,2015,第175~179页。
② 田昌五:《王充及其论衡》,生活·读书·新知三联书店,1958,第84页。
③ 王举忠:《王充论》,辽宁大学出版社,1991,第95页。
④ 王举忠:《王充论》,辽宁大学出版社,1991,第113页。
⑤ 徐敏:《王充哲学思想探索》,生活·读书·新知三联书店,1979,第104页。
⑥ 徐敏:《王充哲学思想探索》,生活·读书·新知三联书店,1979,第111页。
⑦ 徐敏:《王充哲学思想探索》,生活·读书·新知三联书店,1979,第114页。
⑧ 邓红:《王充新八论》,中国社会科学出版社,2003,第208页。
⑨ 陈拱:《王充思想评论》,(台北)商务印书馆,1996,第299页。
⑩ 陈拱:《王充思想评论》,(台北)商务印书馆,1996,第305页。
⑪ 陈拱:《王充思想评论》,(台北)商务印书馆,1996,第308页。

学术史——从王充到王国维》中也认为王充对有鬼论的批判并不彻底，王充之"无鬼的论说仅在于证明精气一旦脱离形体即丧失其知觉意识之功用"，但是，"未进一步论证精神不能独立自存于形体之外"。① 董平指出："王充对有鬼论的批判及其关于鬼神之形非死人之精的论证，在其本人的观念系统当中，乃是为其薄葬主张所作的一种理论铺垫。"②

总而言之，学术界对王充是无神论者持较为一致的看法，少量持不同观点的学者，也只是认为王充的无神论思想不彻底而已。笔者认为，受认识能力和科学水平的限制，王充能以无神论思想来反对厚葬的社会风气，实属不易。

三

近五十年来王充先秦儒道思想研究

王充是中国思想史上独树一帜的思想家，关于他归属何种学派的争论至今也未停歇。王充广泛吸纳前人思想成果，明确提出"含百家之言"的治学思想，其哲学体系也是在广评诸子的基础之上建立起来的。回顾五十年来的王充与先秦儒家和道家思想的研究情况，可以发现，关于王充与先秦儒家的研究成果明显多于王充与先秦道家的，另外，在一些关于王充与先秦诸子思想的研究中，也涉及王充与先秦儒家和先秦道家的内容。这些研究成果主要表现形式为零星的学术著作、少量的学位论文、为数不多的学术论文。

（一）王充与先秦儒家

1. 周桂钿《虚实之辨：王充哲学的宗旨》

周桂钿在《虚实之辨：王充哲学的宗旨》中，用两章内容来论述王充

---

① 董平：《浙江思想学术史——从王充到王国维》，中国社会科学出版社，2005，第16页。
② 董平：《浙江思想学术史——从王充到王国维》，中国社会科学出版社，2005，第17页。

对诸子的评价：一章论述王充对先秦时期孔子、韩非子、孟子、老子的评价，一章论述王充对两汉时期董仲舒、司马迁、扬雄、桓谭的评价。周桂钿认为："诸子之书是很好的，很值得认真阅读，但诸子之书不是无瑕之玉，其中也夹杂一些杂质。"① 所以，王充对诸子的评价基本上是沿着肯定和否定两个维度进行的。虽然王充写了《问孔》《刺孟》两篇，但并非对孔子、孟子持全盘否定的态度，而是问孔不反孔、刺孟不反孟。

王充之所以"问孔"，是为了破除对圣贤的盲目崇拜，为了实现其"疾虚妄""归实诚"的治学宗旨。王充认为，治学的重要方法是讨论，学生不能盲目信老师，要对老师传授的信息进行反问，这样可以促进教学相长；做学问不能搞偶像崇拜，孔子活着的时候学生尚且敢于反问，孔子死后却变成汉人之偶像，反而不许问难，这是不对的。以上种种皆体现了王充敢于求实的精神。当然，王充"问孔"针对的只是被汉儒们神化、偶像化了的孔子。真实的孔子，在王充眼中依然是道德高尚、知识丰富、思维发达的圣人。

王充虽然写了《刺孟》，但并非彻底反对孟子。原因有二：一是王充在书中常将孔子和孟子并称为圣贤的代表；二是对孟子思想的继承较多，其著名的命定论思想的直接理论来源就是孔子和孟子的天命思想。总之，王充对孟子的评价基本上是肯定的。

2. 王举忠《王充论》

王举忠在《王充论》第四章中，以王充的学术思想渊源及学派归属问题为中心，论述了王充思想与儒家思想的关系。在谈论王充与儒家思想的关系方面，作者论述了王充与孔子思想的关系、与孟子思想的关系以及与荀子思想的关系。

作者认为，由王充在《论衡》中多次提及孔子以及多次引用孔子的话可见王充并不反孔。王充写《问孔》，其目的只是"以实事求是的态度对待孔子，去掉孔子身上的圣光和神灵的外衣，把他从神还原成人……这种问难

---

① 周桂钿：《虚实之辨：王充哲学的宗旨》，福建教育出版社，2015，第212页。

的方式,是一种自由讨论的方式,有助于人们对事物的认识"。王举忠认为王充对孔子好学与求实的精神、"命"的思想以及伦理道德观颇为赞同。①

关于孟子,王充的态度是批判多于褒扬,先是在《刺孟》中"批判了孟子逻辑概念混乱及其推理不合于矛盾律的诡辩手法",后是在《本性》中集中批判了孟子的性善论。在理论上王充对孟子的伦理道德观和政治思想比较认同。②

关于荀子,王举忠认为:"王充在哲学上对儒家思想的继承,主要是对荀子一派儒家思想的继承。……其继承并不是全盘拿来,而是采取了有分析有批判的态度。"③ 在王举忠看来,王充对荀子的"天"是自然或自然界的思想、气的思想、知识来源的思想以及反鬼神迷信的无神论思想都颇为认同。④ 可见,在作者看来,王充对荀子思想的继承具体表现在如下四个方面:一是荀子的"天"是自然或自然界的思想,二是荀子关于气的思想,三是荀子关于知识来源的思想,四是荀子反鬼神迷信的无神论思想。

3. 黄绍梅《王充〈论衡〉的批判精神》

黄绍梅在《王充〈论衡〉的批判精神》一书中,从王充的批判精神出发,围绕《论衡》中《问孔》和《刺孟》两篇,论述了王充先秦儒家观。作者认为王充写《问孔》与《刺孟》并不代表"王充对孔孟儒家学说的不敬态度,他会称道孔子是'道德之祖'(《本性》)、'百世之圣'(《别通》)……'孔子圣人,孟子贤者'(《命禄》)。列孔孟于圣贤地位有很高评价";王充之所以"批判孔孟言行的矛盾和错误,其重点在破解儒者对圣人的迷思,提醒世人不要盲从信师好古而不知思考"。⑤ 王充不仅批判了汉代信师好古的学术风气和汉代经学的神学化现象,而且批判了孔孟言行的矛盾、孔孟用词的不明确、孔孟措辞的失当、孔子教化标准的不一

---

① 王举忠:《王充论》,辽宁大学出版社,1991,第40~43页。
② 王举忠:《王充论》,辽宁大学出版社,1991,第44页。
③ 王举忠:《王充论》,辽宁大学出版社,1991,第44页。
④ 王举忠:《王充论》,辽宁大学出版社,1991,第44~47页。
⑤ 黄绍梅:《王充〈论衡〉的批判精神》,(台北)文史哲出版社,2011,第340页。

4. 刘谨铭《王充哲学的再发现》

刘谨铭在《王充哲学的再发现》中从儒家义理层面分析了《论衡》中的《问孔》与《刺孟》两篇。他认为王充对儒家的批判可分为六项：一是"批判不当"，二是"说明或用辞欠妥"，三是"教诲之间的不一致"，四是"对于命运看法的质疑"，五是"对于感叹语的理解"，六是"处事标准之问题"。① 他还认为，王充对孔孟的批判最终并没有成立，主要原因是王充在问难的过程中提出了一些不恰当的问题，之所以会提出这些不恰当的问题，是因为王充"对儒家的义理缺乏适切的理解"。②

5. 朱绍侯《论王充对孔子及儒家学派的评价》

朱绍侯在《论王充对孔子及儒家学派的评价》一文中认为不能因为王充写了《问孔》和《刺孟》两篇文章就误以为他是反孔、反孟甚至是反儒的。相反，王充在《论衡》中对孔子的评价不仅很高，而且有拔高和美化的倾向。关于王充对儒家的态度，朱绍侯则认为："概括说来是赞鸿儒、颂贤儒、尊硕儒、重文儒、扬儒生、抑文吏而批世儒。"③ 王充尊重的是有真才实学的儒者，批判的是趋炎附势的世儒；尊重的是先秦儒家，批判的是神化了的经文学派。《论王充对孔子及儒家学派的评价》一文是较早的对孔子及儒家学派进行系统分析和评价的论文，也是近年来研究王充思想、王充与儒家思想的重要参考资料。

6. 潘富恩、徐余庆《重评王充论孔子》

潘富恩、徐余庆在《重评王充论孔子》一文中认为王充对孔子是非常尊重的，并将孔子视为"道德之祖"和"无人能及的教育家"。王充人性论的理论来源是孔子"性相近，习相远"思想，命定论则来源于孔子的天命观。王充所反对的只是"汉儒神圣化了的假孔子"而已。作者还认为，

---

① 刘谨铭：《王充哲学的再发现》，(台北) 文津出版社，2006，第19页。
② 刘谨铭：《王充哲学的再发现》，(台北) 文津出版社，2006，第39页。
③ 朱绍侯：《论王充对孔子及儒家学派的评价》，《河南大学学报》（哲学社会科学版）1985年第1期。

虽然王充认为孔子是无人能及的教育家，但王充也指出了孔子思想体系中的不足之处，如反对孔子"生而知之"的先验论，反对孔子"去食"的治国思想，以及反对孔子提倡的厚葬久丧的思想。①

7. 刘亦冰《论王充对孔子思想的研究》

刘亦冰在《论王充对孔子思想的研究》一文中认为王充反对的是"汉儒的解释违背了孔子思想的原意"，反对的是神化的孔子，反对的是将孔子当作偶像对待的行为。王充对孔子的批判不仅具有现实意义，而且在历史上也产生了深远的影响。作者还认为，在天道观方面王充继承和发展了孔子的思想，在鬼神观方面王充吸收了孔子思想中的无神论观点，在政治观方面王充吸收了孔子的德治思想，在命定论方面王充也有对孔子思想的吸收和发挥。在作者看来，王充对孔子思想的研究坚持了其"疾虚妄"的治学态度，对我们客观评价孔子思想有借鉴意义。②

8. 唐明贵《论王充对孟子的非难与褒扬》

唐明贵在《论王充对孟子的非难与褒扬》一文中认为，王充虽然专门写了《刺孟》，"非难孟子为空谈无征之人，为不懂谦让之人，为自相矛盾之人"，但是，在其他篇章中对孟子的评价非常高，甚至认为孟子可以同孔子并称为圣贤。所以，唐明贵认为，王充对孟子的非难，不仅促进了汉代孟学的发展，而且在孟学史和儒学史上都有深远的影响。③

（二）王充与先秦道家

1. 周桂钿《虚实之辨：王充哲学的宗旨》

周桂钿在《虚实之辨：王充哲学的宗旨》中指出，《论衡》一书虽然有八篇十多处提及老子，但是直接引用的资料较少。周桂钿还将《论衡》中提及老子的文字分为三类。"一是引孔子把老子比作龙的话"，只是为了

---

① 潘富恩、徐余庆：《重评王充论孔子》，《孔子研究》1987年第1期。
② 刘亦冰：《论王充对孔子思想的研究》，《绍兴师专学报》（社会科学版）1988年第2期。
③ 唐明贵：《论王充对孟子的非难与褒扬》，《江苏师范大学学报》（哲学社会科学版）2015年第5期。

论证王充的圣人不能先知的思想，并不是对老子本人的评价。"二是天道自然无为"，王充在《论衡》中提到老子的次数虽不多，其哲学体系却建构在老子"天道自然无为"思想基础之上，但同时也批判了老子"人事无为"思想。"三是恬澹无欲、全身养性、延年度世"，对这种思想王充最初是持否定态度的，到了老年，他却用这种思想来养生。学术界将王充归为道家一派，周桂钿对此观点持否定态度，认为王充只接受了道家自然无为的思想，在宇宙本原问题方面与道家不同，道家认为道生万物，而王充认为万物是由天地之气的结合而产生的。①

2. 王举忠《王充论》

王举忠在《王充论》一书的第四章中，以王充的学术思想渊源及学派归属问题为中心，论述了王充思想与道家思想的关系。王充的自然无为思想，"明显地受了老子的道家学派的影响"，对于秦汉之际的黄老思想也多次肯定。"王充的思想与道家思想有其一致的地方，即天道自然、自然无为的思想。"王充通过改造和发展道家这一思想，使之成为其自然观的重要组成部分。"天道""自然""无为"也就成了王充哲学的重要概念和范畴。"但是，在政治上王充反对无为而治，主张积极有为。"②

3. 刘谨铭《王充哲学的再发现》

刘谨铭在《王充哲学的再发现》中从王充天道论是否合于黄老之义的角度论述了王充视界中的道家思想。王充赞同道家对于天道自然的看法，并认为在自然观上自己的看法"合黄老之义"。作者认为，王充"天道论实具有着重具体的描述，排斥形而上的抽象道论之倾向。即就'天道'一词的说法来看，在《论衡》中大抵有几种说法，然其焦点实在天道自然无为上，所谓天道自然，即指天的运行有其不以人意为移转之律则"。③《老子》以道论为基础的天道观点却一方面"强调天道的自然律则义"，另一方面"则无非是要人们效法天道，实现天道之善于人间世，并由此引出工

---

① 周桂钿：《虚实之辨：王充哲学的宗旨》，福建教育出版社，2015，第227~230页。
② 王举忠：《王充论》，辽宁大学出版社，1991，第55~56页。
③ 刘谨铭：《王充哲学的再发现》，（台北）文津出版社，2006，第78页。

夫修养之说"。① 所以，作者认为王充与《老子》在天道观上是有较大差异的。

4. 王雪《王充道家思想探析》

王雪在《王充道家思想探析》一文中认为《论衡》从头到尾都贯穿着自然无为的思想，王充正是"以道家的自然之说为批判武器，对当时的官方神学展开了空前猛烈深刻而全面的思想批判"。作者还认为，王充的天道观以道家"天道自然无为"为理论前提，生死观以道家自然之说来论证人的生死是正常的自然现象，社会观方面继承道家反传统、反现实的精神，并提出其哲学思想的核心内容——"疾虚妄"。② 虽然作者没有直接论述王充的先秦诸子观，但是在文中详细论述了王充对道家理论的继承和吸收以及在诸多方面对儒家的批判，从中可见其对儒道两家不同的态度。

5. 陈静《王充的天论与人论》

陈静在《王充的天论与人论》一文中认为王充以"天道自然"说为武器反对"天人感应"说，并认为王充对"天人感应"说的批判对魏晋玄学的兴起有积极的作用。作者通过分析王充关于"天""气""自然""人"的概念，总结了王充的"天道自然"思想所蕴含的意义，并认为其以此反对"天人感应"说。关于"天"，王充接受了"盖天说"，但又认为天盖不是倾斜的，也不是拱形的，而是平正的，"天平正，与地无异"，人们之所以感到天像斗笠般覆盖地，是因为天和地都非常广阔，而人的视力有限，不能看到尽头而产生了错觉。关于"气"，虽然王充先肯定"天"是体而非"气"，后又说天地是"含气之自然"，但是，作者认为王充的"气"是物性的。"万物之生，皆禀元气"，天地之间一切具体的存在，在本质上都是气或来源于气。关于"自然"，作者认为"天道自然而非故是王充的基本观点"，天是"含气之自然"，没有精神属性，天的活动只是自然而然的过程，并没有目的性。天地不"故生人"和"故生万物"，所以，

---

① 刘蓬铭：《王充哲学的再发现》，（台北）文津出版社，2006，第109页。
② 王雪：《王充道家思想探析》，《安徽大学学报》（哲学社会科学版）2003年第4期。

不会有祥瑞、灾异以及谴告。关于"人",作者认为王充在论人时有两个特点:一是"用物化一切的眼光,把人也视为'物'",二是"着眼物与物之间力的对比,以天大人小的根据,否定人能对天发生影响"。①

(三) 王充与先秦诸子

1. 周桂钿《虚实之辨:王充哲学的宗旨》

周桂钿认为:"诸子之书是很好的,很值得认真阅读,但诸子之书不是无瑕之玉,其中也夹杂一些杂质。"所以,王充对诸子的评价基本上是沿着肯定和否定两个维度进行的。虽然写了《问孔》《非韩》《刺孟》这些篇章,但并非对孔子、韩非子、孟子持全盘否定的态度,而是问孔不反孔、非韩不反韩、刺孟不反孟。对于先秦诸子王充几乎都有所评价,但是周桂钿在《虚实之辨:王充哲学的宗旨》中仅围绕《问孔》《非韩》《刺孟》等篇阐述王充的先秦诸子观,涉的主要思想家有孔子、孟子、老子和韩非子。王充对先秦诸子思想并非盲目反对,而是积极地批判地吸取诸子思想。②

2. 岳宗伟《〈论衡〉引书研究》

岳宗伟在其博士学位论文《〈论衡〉引书研究》中,认为王充对待儒家的基本态度是:虽然"问孔",但其实尊孔;虽然"刺孟",但其实尊孟;虽然没有给荀子很高的评价,但在践行荀子的思想。王充虽然在《非韩》中对韩非子的许多思想有质疑和批评,但同时也对法家给予高度的重视。王充认为儒家"养德"和法家"养力"同等重要,缺一不可。在肯定黄老之学方面,王充"将黄老之术视为判定事务正确与否的依据之一",将道家"无为而治"思想视为理想的政治范式,对黄老之术在修身养性方面的作用也持肯定态度。在否定黄老之学方面,王充主要从其命定论和道家"自然"思想两个角度出发来否定黄老之术在养性方面的作用。《吕氏

---

① 陈静:《王充的天论与人论》,《甘肃社会科学》1993 年第 3 期。
② 周桂钿:《虚实之辨:王充哲学的宗旨》,福建教育出版社,2015,第 211~253 页。

春秋》对王充的影响也非常大，王充不仅吸收了其地理和自然界方面的知识，而且《论衡》中《逢遇》《偶会》等篇中的很多思想都来源于《吕氏春秋》。《吕氏春秋》不仅是王充了解百家之学的捷径，也是王充认识自然世界的基础，并由此确立了其"规避政治风险的治学原则"。① 岳宗伟博士从文献学的角度对《论衡》引书进行了系统的分析和梳理，这项工作的完成，为后来研究者了解《论衡》引书内容提供了捷径。作者还从思想史的角度（基本上是从史学角度进行的）对《论衡》引书内容进行了分析。

3. 智延娜《〈论衡〉文献学研究》

智延娜在其博士学位论文《〈论衡〉文献学研究》中对《论衡》征引的子部古籍进行了系统的梳理。作者认为《吕氏春秋》内容丰富，是先秦经典的大综合，所以能受到王充的青睐；王充命定论中"遇合"观念的理论来源便是《吕氏春秋》，其薄葬思想也受到《吕氏春秋》的影响。从《论衡》征引《孟子》来看，王充对孟子是既"刺"又"尊"的。"刺"的只是孟子学说中迷信虚妄的部分，并没有触及孟子思想的本质；"尊"的是孟子思想的大部分，王充在《论衡》中多次征引《孟子》思想作为自己论述的论据就是最好的证明。关于王充对荀子的评价，作者没有正面提及，只是认为《论衡》在撰写方面，不管是题目的拟定还是行文方式都与《荀子》一书很相近，同时还认为王充"符验"思想与荀子一脉相承。关于韩非子，作者认为王充对其只有批评和质疑，还认为王充反对法家"明法尚功"的思想。王充在政治上推行道家"无为而治"的思想，肯定黄老"修身养性"的作用，批评了"度世升仙"等思想。从总体上看，王充对道家学说持认同态度。② 作者在其博士学位论文中，不仅对《论衡》征引的经、史、子等门类的书籍进行了归类和分析，而且对《论衡》中提及却未征引的书籍进行了梳理。但作者所做工作的范围仅限定在文献学学科领域内。

---

① 岳宗伟：《〈论衡〉引书研究》，复旦大学博士学位论文，2006。
② 智延娜：《〈论衡〉文献学研究》，河北大学博士学位论文，2013。

4. 朱绍侯《王充对诸子的评价》

朱绍侯在《王充对诸子的评价》一文中认为，王充常将儒墨两家放在一起评论，且对这两家的评价都较高。作者还认为，王充虽然对儒墨两家基本持肯定态度，但是对两家的评价有时也不完全一样。"如果分别言之，还是扬儒抑墨。"作者认为王充在诸子学派之中最为推崇的是道家，并认为在"扬道抑儒"方面将王充归入道家学派也不为过。王充虽推崇道家，但是对道家学说并不盲从，也有批评。其批评是站在道家的立场上进行的，这种批评反而抬高了道家的威信和地位。在《王充对诸子的评价》一文中，作者认为王充对法家学说是全盘肯定的，而对五行家则持批判态度，对名家的批判更是直言不讳。① 朱绍侯的这篇论文是公开发表较早的关于王充对诸子评价的论文。文中涉及的王充对诸子的评价仅包括《论衡》中王充对诸子学派的直接肯定或否定的评价，而未涉及王充对诸子学派之思想的具体分析和吸收。

四

选题的缘由与意义

关于王充学派归属问题，长期以来众说纷纭。目前学术界较为一致的看法是：王充采众家之长，成一家之言。《中国儒学史·两汉卷》一书认为王充对"汉代儒学的批判性考察，既具有不同寻常的洞见，也有难以掩饰的偏见。作为一个思想家，他几乎不属于任何理论派系，力图通过独立思考来质疑当时盛行的思想权威。他的结论可能并不圆满，但是他充满批判精神的独立思考态度，却昭示着经院式思维的没落"②。任继愈认为王充思想"远承先秦诸子之学，近接两汉儒道两大思潮，通过选择、融合、创

---

① 朱绍侯：《王充对诸子的评价》，《河南大学学报》（哲学社会科学版）1985 年第 4 期。
② 许抗生、聂保平、聂清：《中国儒学史·两汉卷》，北京大学出版社，2011，第 429 页。

造,形成一个综合性的独立的思想体系,它既不属于儒家,也不属于道家,很难归类,被视为'乍出乍入,或儒或墨'(《抱朴子·喻蔽篇》),《四库全书》列为'杂家'。应该说,王充继承了儒道百家而又超出了儒道百家,他是独树一帜的哲学家"①。

《论衡·别通》:"大川旱不枯者,多所疏也。潢污兼日不雨,泥辄见者,无所通也。是故大川相间,小川相属,东流归海,故海大也。海不通于百川,安得巨大之名?夫人含百家之言,犹海怀百川之流也,不谓之大者,是谓海小于百川也。夫海大于百川也,人皆知之,通者明于不通,莫之能别也。"大河遇旱而不涸,是因为有很多支流与之相通。连日不下雨,浅水坑中的泥土就会显现出来,是因为没有水流与之相通。所以,大河互相隔着,小河相互连接,一同向东流去归于大海,因此才有大海的广阔。王充认为学识渊博的"通者"如同大海,大海可以"怀百川之流","通者"可以"含百家之言"。从《论衡》看,先秦诸子几乎都对王充的思想产生了一定的影响。但是,影响最大的当属道、儒两家,这也是笔者选题的缘由。

《论衡·佚文》:"《论衡》篇以十数,亦一言也,曰:'疾虚妄。'"我们不仅可以认为"疾虚妄"是王充的治学原则,而且可以认为"疾虚妄"是王充的求知目标。"疾虚妄"所"疾"的是"虚妄"之事,为的是打破这种"虚妄",追求真实,即实事求是。《论衡·书虚》:"夫世间传书诸子之语,多欲立奇造异,作惊目之论,以骇世俗之人,为谲诡之书,以著殊异之名。"世间广为流传的书以解释"诸子之语"的居多,大多是想标新立异,故作惊人之论,用来吓唬社会上的一般人,因而创作稀奇古怪的书,以标榜特殊奇异而闻名。这与王充"疾虚妄"的治学原则和求知目标相违背。由此可见,汉时对"诸子之语"的错解已成风气,所以王充创作了《论衡》来对抗这种不正之风。为了实现这种目的,还原"诸子之语"是王充的首要任务,所以,王充广评诸子,对先秦至汉几乎所有的思想家

---

① 任继愈主编《中国哲学发展史·秦汉》,人民出版社,1985,第513~514页。

都有评论或征引，基于此，可以认为王充的思想体系就是建立在对诸子思想的批判与继承之上的。《论衡·对作》："今《论衡》就世俗之书，订其真伪，辩其实虚，非造始更为，无本于前也。"可见，王充本人也认为《论衡》一书只是针对世俗之书，并考订"世俗之书"的真伪，辨别"世俗之书"的虚实，并非始创另作，而"无本于前"。《论衡·对作》还认为《论衡》一书"非曰作也，亦非述也，论也"。

由此可见，王充思想并非无源之水、无本之木。笔者认为，王充思想就建立在对诸子思想的批判与继承的基础之上。故在研究王充思想之前，应该先了解王充的诸子观。先秦道、儒两家作为对中华文化影响最大的两派，对王充的影响尤其大，所以研究王充的先秦道家观和儒家观是十分必要的，是研究王充思想的基础。众所周知，道家尚自然，儒家重人事，二者不能相容。王充也看到了道、儒两家不可相容，如："说合于人事，不入于道意。从道不随事，虽违儒家之说，合黄老之义也。"（《论衡·自然》）因为王充思想道儒兼具，所以任继愈认为王充思想"综合儒道，博通百家"。总之，先秦道家对王充思想的影响是内化的，先秦儒家对王充思想的影响是外在的。王充以先秦道家"天道自然无为"思想来对抗儒家"天人感应"说，先秦道家关于"自然""天""气"的理论是王充反对儒家"天人感应"说的理论基础，也是王充"疾虚妄"的理论基础。可以说，王充对儒道两家的评论就像是一枚硬币的两面，是一个统一的整体。虽然《论衡》中没有单独论述道家思想的章节，对道家相关思想的征引也不多，但是，《问孔》《刺孟》两篇是以道家思想为理论基础，以实事求是的态度来"疾"汉儒对孔子的"虚妄"和孟子思想体系中存在的问题的。《自然》《谴告》两篇，集中以"自然无为"的自然观来批判汉儒所鼓吹的自然灾变是上天用来谴告君王的之谬论。王充认为，"夫天无为，故不言。灾变时至，气自为之"（《论衡·自然》），"气变之见，殆自然也"（《论衡·自然》），"谴告之言，衰乱之语也"（《论衡·自然》）。金春峰认为："儒家思想，使王充'富材羡知，贵行尊志'，正直清高，鄙视官场黑暗、势利小人，决不与世俗同流合污，并且把一切委之天命。道家的思想则使他恬淡无怨,甚至'齐死生,一成败',而在恬淡中又怀着深深的不平和愤恨。"① 钱锺书认为,"《论衡·道虚》一篇,破'道家''仙术'之'传虚','如汤沃雪',如斧破竹,而所击排,莫不冠以'儒书言'"②;"《儒增》篇之指摘'儒书称',名正而言顺也;题标《道虚》,篇中却舍道书而刺取'儒书',加'儒'称于道家、方士"③。由此可见,道家观和儒家观在王充思想体系中是不可分割的。所以,研究王充先秦道家观就必须研究王充先秦儒家观,研究王充先秦儒家观就必须研究王充先秦道家观。

自《论衡》成书以来,历代学者和思想家对其褒贬不一,争议颇多。这些争议主要集中于以下两点:第一,其在《论衡》中"问孔""刺孟"是不是对圣人不敬;第二,其在《自纪》中如实记述祖上的不光彩历史是不是不孝。从古至今,学术界对王充思想的评价大体分为两类:"攻之"与"好之"。"攻之"者认为《论衡》有破坏无建设,本身无思想体系,难成一家之学;"好之"者与"攻之"者完全相反,不仅认为其贡献就在于破坏性,而且认为其建设性远高于破坏性。

长期以来,王充和道家的关系,受到学者的普遍重视,相关研究成果也较为丰富。其实,王充与儒家的关系也应受到重视。笔者认为,王充对先秦儒家思想的肯定远超于否定。即使在《论衡·问孔》与《论衡·刺孟》中,王充也没有怀疑儒家诸如《论语》《孟子》一类典籍中的教诲,只是客观地分析了这些典籍中前后矛盾的地方。在《论衡·问孔》中,王充虽认为孔子博学多识,道德高尚,但也认为"贤圣之言,上下多相违,其文,前后多相伐"(《论衡·问孔》),并不是无可非议的,王充对孔子进行问难,并向孔子提出十六个问题。在《论衡·刺孟》中,王充抓住《孟子》中孟子言行不一、前后矛盾的地方,认为孟子答非所问、阴阳两面、无理狡辩,同时也向孟子提出八个疑难。在《论衡·儒增》中,王充列举十六个事例,指责了"儒书"中的不实之词,并认为"言众必言千

---

① 金春峰:《汉代思想史》,中国社会科学出版社,1997,第555页。
② 钱锺书:《管锥编》,生活·读书·新知三联书店,2007,第1970页。
③ 钱锺书:《管锥编》,生活·读书·新知三联书店,2007,第1970页。

数，言少则言无一"(《论衡·儒增》)。在《论衡·语增》中，王充批判了汉儒对某些历史人物和事件的夸张解说，并对七种当时社会上广为流传的"虚增之语"进行了驳斥。在《论衡·艺增》中，王充从《诗经》《尚书》《周易》《论语》中举出八个事例，并指出"增过其实"而"失实离本"的问题。由此可见，在王充视界中，脱离事实依据的"增"是"虚妄"的根源。胡适尤其赞赏王充"距师""伐圣"的精神，并认为《论衡·问孔》与《论衡·刺孟》二篇中的许多批评很精到。① 笔者认为，无论是"距师"还是"伐圣"，所针对的都并非孔、孟本人，而是被汉儒所神化了的孔、孟；也不是儒家经典典籍本身，而是被汉儒所"增"之书。王充的根本目的是"疾虚妄"。

王充哲学的中心问题是证明天人之间不相感应，也可以说，王充试图建构一个与董仲舒的"天人感应"哲学完全相反的思想体系。② 正因此，钱穆先生才认为："两汉思想，董仲舒是正面，王充是反面，只此两人，已足代表。董仲舒上承邹衍，王充则下开魏、晋。魏、晋人在中国思想史上之贡献，正为其能继续王充，对邹、董一派天人相应，五行生克，及神化圣人等迹近宗教的思想，再加以一番彻底的澄清。"③ 王充并非想推翻整个儒学，只是出于"疾虚妄"的治学原则，对东汉儒学甚至是先秦儒学中不合理的观点有诸多批评。④ 王充对儒学的批判大致集中于以下三点：对圣人的神化倾向、谴告的存在、祭礼的作用。可见，王充的基本立场是"排除儒学中的宗教化内容"⑤。

本书以《论衡》为依据，通过分析王充所征引的先秦儒家思想的相关资料来探究先秦儒家在王充视界中的形象，通过分析王充所征引的先秦道家思想的相关资料来探究先秦道家在王充视界中的形象。王充在评论先秦

---

① 胡适：《王充的论衡》，黄晖撰《论衡校释》第四册，中华书局，1990，第1267～1294页。
② 韦政通：《中国思想史》，吉林出版集团有限责任公司，2009，第371页。
③ 钱穆：《中国思想史》，九州出版社，2012，第116页。
④ 许抗生、聂保平、聂清：《中国儒学史·两汉卷》，北京大学出版社，2011，第436～437页。
⑤ 许抗生、聂保平、聂清：《中国儒学史·两汉卷》，北京大学出版社，2011，第437页。

儒、道两家思想的同时，比较客观地吸取和改造了其中的合理因素，充实和完善了自己的理论体系。其可贵之处在于：在吸收融合先秦儒、道两家思想的过程中，弃儒、道之所短，采儒、道之所长，充实并丰富了自己的哲学体系。王充集众家所长、避众家所短的治学态度和方法，体现了其实事求是的精神。

综上所述，《论衡》一书对先秦儒、道两家哲学批判性的继承主要涉及孔子、孟子、荀子、老子、庄子等五位思想家，对孔子、孟子、荀子、老子、庄子思想，其或有独到的理解，或有所吸纳，或有所评判。任何人的思想都建立在对前人思想继承的基础上。王充也不例外。所以，对王充对先秦儒家、先秦道家思想的理解与评判进行系统的分析，可以厘清王充在中国哲学发展史上所起的作用，对两汉思想史特别是对王充哲学思想的研究将有一定的帮助。

第一章

CHAPTER 1　天　论

王充儒道思想评介

尽管儒家也有"天道自然无为"的言论①，但是，学术界普遍认为王充"天道自然无为"思想受道家的影响较大，王充这一理论主要是为了对抗儒家"天人感应"说。王充吸收道家的天道思想和"自然"观念，认为天是无意识的、"自然无为"的存在，所以，天不能谴告君王，天无瑞应，天不能赐福降灾。学术界还普遍认为王充关于"自然之天"的论述受到了道家"自然之天"理论的影响。笔者认为，王充关于"自然之天"的理论确实是为了反对儒家的"神灵之天"，但是，儒家也有关于"自然之天"的论述，而且王充对儒家"自然之天"的论述有直接的征引和注释，相反，王充却没有直接征引道家关于"自然之天"的论述，所以，王充"自然之天"的论述应该也受到了儒家"自然之天"理论的影响。有学者认为王充哲学是批判哲学②，也有很多学者专门研究王充的"疾虚妄"精神③。王充的批判并非单纯的批判、简单的攻击，而是通过自己的理解与评判，揭示所批判对象的内在矛盾，王充所擅长的批判方式是以彼之矛攻彼之盾。笔者认为，王充的"疾虚妄"最为有效的方法是揭示"虚妄"之事物

---

① 楼宇烈：《中国文化的根本精神》，中华书局，2016，第192页。
② 黄绍梅所著《王充〈论衡〉的批判精神》一书，专门探讨了王充的批判精神，从"天道自然无为论""命定论""无鬼论""人性论""先秦诸子论""文学观""宣汉说"等方面详细论述了王充对前人思想的批判，还详细论述了王充的批判方法。叶建华发表于《浙江学刊》1993年第5期上的学术论文《王充与中国批判史学》认为王充是中国历史上第一位批判历史学家，《论衡》是中国历史上第一部批判史学著作。
③ 参见杨贺松《疾虚妄 务实诚——王充论修辞》，《学习与研究》1982年第7期；韦石《论王充的"疾虚妄"》，《中山大学学报》（哲学社会科学版）1975年第2期；戴建平《王充的"疾虚妄"与怀疑精神》，《学海》2000年第4期；张恩普《论王充"疾虚妄"、"务实诚"的文学观》，《东北师大学报》（哲学社会科学版）2009年第6期；等等。

内在的自相矛盾之处，使之难以自圆其说，从而失去说服力。那么，王充对儒家"天人感应"说的批判，最有力的武器是儒家学说，即儒家的"天道自然无为"思想和"自然之天"理论。

一

王充与孔子天论

王充对儒家思想的征引较多。《论衡》中单是提到孔子的次数就在 600 次以上。① 王充在解读儒家"自然之天"、批判儒家"主宰之天"的基础上，确立了自己的纯粹的"自然之天"。杨伯峻认为《论语》中的"天"具有多重内涵：一是自然之天，一是主宰之天，一是义理之天。② 张立文认为，"自然之天"指天空、天地、天然之天，"主宰之天"指皇天、天命、上帝之天，"义理之天"指天道、天理之天；王充论"天"，基本上侧重于"自然之天"和"主宰之天"，特别是"自然之天"。③ 由此可见，王充对儒家之"天"的理解与评判，侧重于"自然之天"和"主宰之天"。

（一）自然之天

李泽厚在《论语今读》中解释孔子之天时，认为"'天'非道德命令，'天'只是运行不息、生生不已之生命本身"④，"孔门所谓无为而治，即顺天而行"⑤。虽然有学者认为《论语》中的"自然之天"不仅具有自

---

① 据北京大学历史系《论衡》注释小组《论衡注释·附录五》统计，《论衡》中提到孔子的次数在 600 次以上。北京大学历史系《论衡》注释小组：《论衡注释》，中华书局，1979，第 1742~1744 页。
② 杨伯峻：《试论孔子》，《东岳论丛》1980 年第 2 期。
③ 张立文：《王充的天人之间》，《杭州师范大学学报》（社会科学版）2010 年第 6 期。
④ 李泽厚：《论语今读》，中华书局，2015，第 334 页。
⑤ 李泽厚：《论语今读》，中华书局，2015，第 160 页。

然属性，而且具有一定的意识性，但是，他们对儒家有"自然之天"的存在持肯定态度。例如，傅佩荣认为："'四时行'暗示我们：天是'载行者'（Sustainer）；'百物生'则暗示我们：天是'造生者'（Creator）。"他还认为："称'天'为'大'，又谓尧'则'天，并不是比喻之词，而是反映了传统以天为至高主宰的信仰。换言之，孔子的'天'绝不仅仅指自然界。"① 儒家的天有自然和神灵两种含义，儒家并不否认作为自然之理的天的存在，只是认为"神灵之天"是世界终极根据的天，"自然之天"是"神灵之天"的表现。② 所以，儒家"自然之天"同时也具有"神灵之天"的含义。《论语》中关于"自然之天"的论述仅有两处。一处是《论语·阳货》："天何言哉？四时行焉，百物生焉，天何言哉？"另一处是《论语·泰伯》："大哉尧之为君也！巍巍乎！唯天为大，唯尧则之。"王充对此不仅进行了全部征引，并且进行了详细的解读。可见王充"自然之天"理论，并非完全来自老、庄，也受到了孔子"自然之天"的影响。

> 孔子曰："天何言哉？四时行焉，百物生焉。"天不言，则亦不听人之言。天道称自然无为，今人问天地，天地报应，是自然之有为以应人也。（《论衡·卜筮》）

以上是王充关于孔子《论语》中天的解读，由此可知，在王充视界中，孔子之天是没有意志的，四季的更替、万物的生息是自然现象。"天道称自然无为"，天不能说话，不能听"人之言"；如果人"问天地"，天地有答复，就是天道自然有为。王充在此引用"天何言哉？四时行焉，百物生焉"是为了以此反对儒家"天人感应"说，认为天地是不可能对"人之言"有答复的，卜筮活动之所以让人们感觉到人似乎可以同天对话，只

---

① 傅佩荣：《儒道天论发微》，中华书局，2010，第91页。
② 郭清香：《耶儒伦理比较研究——民国时期基督教与儒教伦理思想的冲突与融合》，中国社会科学出版社，2006，第60页。

是因为卜筮者利用了事物相互仿效的原理而已。① 笔者认为，王充以孔子所说的"天何言哉？四时行焉，百物生焉"一句来反对儒家"天人感应"说是没有问题的，以"天地"不能答复"人之言"来揭示卜筮者只是利用了事物相互仿效的原理来进行卜筮活动也没有问题，但是，王充对"天何言哉？四时行焉，百物生焉"一句的解读有偏颇。朱熹注："四时行，百物生，莫非天理发见流行之实，不待言而可见。圣人一动一静，莫非妙道精义之发，亦天而已，岂待言而显哉？"② 天虽然不言不语、无声无息，却主宰着人间的生死福祸，操纵着自然界春夏秋冬的变化和万物的生灭。依朱熹之见，孔子此处只是借天道来喻人道，天不说话，四季万物却按照一定的规律运行，所以天不需要说话。朱熹以此要求人们尊重自然法则，并要求人类在生产活动中一定要依循自然界的法则行动。归根结底，这里的"天"，是运行不息的自然的天。

王充针对"卜者问天，筮者问地"论述了其"天道自然无为"思想，指出天能回答人提出的疑问纯属谎言。王充认为龟兆蓍数并不是天地对人的答复，即使人没有任何疑虑，凭空去卜筮，也同样会得到兆数。《论衡·卜筮》还记录了孔子与子路的一段对话："子路问孔子曰：'猪肩羊膊③可以得兆，藿苇藁芼可以得数，何必以蓍龟？'孔子曰：'不然，盖取其名也。夫蓍之为言，耆也；龟之为言，旧也。明狐疑之事，当问耆旧也。'由此言之，蓍不神，龟不灵，盖取其名，未必有实也。无其实，则知其无神灵；无神灵，则知不问天地也。"由此可见，在王充笔下，子路

---

① 《论衡·卜筮》："案《易》之文，观揲蓍之法，二分以象天地，四揲以象四时，归奇于扐，以象闰月。以象类相法，以立卦数耳，岂云天地告报人哉？"王充认为《周易》中的文字所记载的用蓍草算卦的方法，是将蓍草分成两部分，并以此象征天与地，每四根一组，以此象征四季，剩余的放在旁边，以象征闰月。这是利用类似的事物相互仿效，以此确定构成卦象的数字罢了，并不是天地真的会答复卜筮的人。
② 朱熹：《四书章句集注》，中华书局，2012，第 181 页。
③ 猪肩羊膊指猪羊的肩胛骨。按：1954 年，郑州二里岗殷墟遗址出土有卜用甲骨，经古脊椎动物研究室鉴定，有些是猪和羊的肩胛骨。此外辉县琉璃阁出土物品中也有一些猪骨卜辞。就此可证《论衡》所引子路之言是有依据的。

认为猪羊的肩胛骨灼后同样可以得到兆，用藋芋藁芼同样可以得到数，所以不一定要用蓍草和龟甲。孔子却不以为然，认为之所以选择蓍草和龟甲，是因为蓍草和龟甲的生存时间长、年代久远。人们在生活中遇到疑惑不定的事情，会去请教年岁大、有经历的人。那么，选择蓍草和龟甲也是同理。王充笔下的子路与孔子的这段对话，具体出处不详。笔者认为，王充由"盖取其名也。夫蓍之为言，耆也；龟之为言，旧也"一句，得不出"蓍不神，龟不灵"和"无其实，则知其无神灵；无神灵，则知不问天地"的结论。尽管王充认为蓍草并不神，龟甲也不灵，既然没有神灵，所以用龟蓍占卜并不是向天地问吉凶的观点是正确的，但是这个观点不能由子路和孔子的对话而得出。

与此同时，孔子还赞扬人道应当效法天道，如《论语·泰伯》载："子曰：'大哉尧之为君也！巍巍乎！唯天为大，唯尧则之。荡荡乎，民无能名焉。巍巍乎其有成功也，焕乎其有文章！'"《论衡·自然》在论证黄帝、尧、舜无为而治的事例时引用了这句话。

> 孔子曰："大哉，尧之为君也！惟天为大，惟尧则之。"又曰："巍巍乎！舜、禹之有天下也，而不与焉。"周公曰："上帝引佚。"上帝，谓舜、禹也。舜、禹承安继治，任贤使能，恭己无为而天下治。舜、禹承尧之安，尧则天而行，不作功邀名，无为之化自成，故曰"荡荡乎民无能名焉"。

《论语·泰伯》中的这句话一般解释为尧的功德浩大无际，老百姓想要称颂尧，却不知道如何称颂才好；黄帝、尧、舜什么都没做，只是遵循天之道就实现了天下大治，他们像天一样伟大。在王充看来，尧遵循"天道自然无为"的原则行事，不有意去创立功业，不存心去追求名誉，所以没有人说得出尧的功德。所以李泽厚说："天无言，四时行，百物生，孔门所谓无为而治，即顺天而行……天在周公、孔子手里不断解魅其人格神因素而渐与客观（自然）'规律'近，却又不全同，仍保有其'冥冥中主宰'的宗教性在。"① 除此之外，王充在《论衡·须颂》《论衡·艺增》《论衡·齐世》等篇中，均对此句进行了征引和解读。《论衡·须颂》："大哉，尧之为君也！唯天为大，唯尧则之。荡荡乎民无能名焉。"《论衡·艺增》："大哉，尧之为君也！荡荡乎民无能名焉。"可见，王充笔下的"恭己无为而天下治"即孔子所说的"恭己正南面而已"（《论语·卫灵公》）。儒家的"无为而治"，从本质上看与道家不同，儒家的"无为而治"是一种美好的政治愿望，期望统治者可以先修己，以尧、舜、禹为修己榜样，"承安继治"，"任贤使能"，"无为而天下治"。关于此问题，本书将在第五章进行详细解答，此不赘述。王充认为黄帝、尧、舜都是"至德纯渥之人"，"禀天气多，故能则天，自然无为"（《论衡·自然》）。黄帝、尧、舜都是"至德纯渥之人"，因为效法天的"自然无为"，所以实行"无为而治"。

《论衡·感虚》中还引用《论语·述而》中的一段记载，并对此进行了详细的论述，也可以视为王充对孔子"自然之天"的解读。

> 孔子疾病，子路请祷。孔子曰："有诸？"子路曰："有之。诔曰：'祷尔于上下神祇。'"孔子曰："丘之祷久矣。"圣人修身正行，素祷之日久，天地鬼神知其无罪，故曰"祷久矣"。《易》曰："大人与天地合其德，与日月合其明，与四时合其叙，与鬼神合其吉凶。"此言圣人与天地鬼神同德行也。即须祷以得福，是不同也。汤与孔子俱圣人也，皆素祷之日久。孔子不使子路祷以治病，汤何能以祷得雨？孔子素祷，身犹疾病。汤亦素祷，岁犹大旱。然则天地之有水旱，犹人之有疾病也。疾病不可以自责除，水旱不可以祷谢去，明矣。汤之致旱，以过乎？

显然，王充反对子路祷告的做法，认为如果祷告有用的话，则说明天

---

① 李泽厚：《论语今读》，中华书局，2015，第160页。

是有意识的；如果天有意识，就不会让孔子这样的圣人得疾病。因为"圣人修身正行，素祷之日久"，"天地鬼神"都知道圣人没有罪过，所以说"祷久矣"。不仅如此，王充还引《易》中名言"夫大人者，与天地合其德，与日月合其明，与四时合其序，与鬼神合其吉凶"（《周易·乾卦·文言》）来说明圣人跟天地鬼神同德行，如果圣人需要依靠祈祷才能得福，则说明圣人与天地鬼神的德行不同。在王充看来，商汤和孔子都是圣人，平素祈祷的时间都很久，所以，孔子不让子路祷告为他治病，商汤也不需要依靠祷告来得雨水。"孔子素祷，身犹疾病。汤亦素祷，岁犹大旱。"王充认为，孔子生病不是因为德行有问题，商汤遭遇旱灾也并非由于犯了过错，所以，孔子的疾病不会因为祷告而痊愈，商汤遇到的大旱同样也不会因为祷告而消除。王充据此推论，祷告之说是虚妄之言，天是无意识的自然之天。

综上所述，"天"在古代一直是至高无上的、具有主宰性的存在，王充为了反对"天人感应"思想，大胆地利用道家"天道自然无为"思想，赋予天物质属性。学术界普遍认为王充"自然之天"理论来源于道家，这点毋庸置疑，但是也不能忽视王充对儒家"自然之天"理论的多次征引和详细解读。从王充对《论语》中关于"自然之天"内容的全盘征引可见，王充在批判儒家"天人感应"说的过程中，也选择了儒家"自然之天"理论，试图从内部解魅儒家"天人感应"说。

（二）主宰之天

王充对孔子"主宰之天"理论，虽未直接征引，但其以"天道自然无为"思想为基础所反对的"天人感应"说，首先要破除的就是儒家"主宰之天"理论。当然，王充在对天的论述中也没有完全回避"主宰之天"，甚至可以说，王充对"自然之天"的论述，仍涉及了"主宰之天"，王充论天，天的主宰性同孔子的"主宰之天"理论虽有相似之处，但本质截然不同。

> 天地合气，万物自生，犹夫妇合气，子自生矣。(《论衡·自然》)
>
> 天之动行也，施气也，体动气乃出，物乃生矣。由人动气也，体动气乃出，子亦生也。夫人之施气也，非欲以生子，气施而子自生矣。天动不欲以生物，而物自生，此则自然也；施气不欲为物，而物自为，此则无为也。(《论衡·自然》)

以上内容是王充用来反对儒家认为天是创生万物的存在，即天具有主宰性而提出的。天体运动并非想要借此创生万物，万物却自生；天体施气并非想要创造万物，万物承受气却自成。所以，天运动、天施气、"物自生"、"物自成"都是"自然""无为"的。

《论衡·物势》："儒者论曰：'天地故生人。'此言妄也。夫天地合气，人偶自生也，犹夫妇合气，子则自生也。夫妇合气，非当时欲得生子，情欲动而合，合而生子矣。"在王充看来，儒家关于天地有意识地创造了人的说法荒诞不实。天地不是故意生人，也不是故意生万物，人和万物，由夫妇、天地"合气"而自然产生。王充以此论证天的"自然无为"。值得注意的是，王充在此并没有否定夫妇、天地在生人生万物的过程中所起的作用，且由此得出"合气"生万物的结论。王充承认天在生万物过程中的作用，但同时又强调天的无意识性。换言之，王充天论思想中，虽有"主宰之天"的含义，强调的却是天生万物的无意识性、无目的性，所以王充"主宰之天"的基础依然是其"自然之天"。笔者认为，王充思想体系中的"主宰之天"，本质上指的是王充"自然之天"的"天道"。美中不足的是，王充只看到了天地生万物和夫妇生子女是无意识的行为，将批判的对象指向了"故"，而忽略了更加重要的方面。可以说，王充只看到了问题，并没有彻底解决问题。

《论衡·辨祟》："天，百神主也。道德仁义，天之道也；战栗恐惧，天之心也。废道灭德，贱天之道；崄隘恣睢，悖天之意。"天，是百神之主。道德仁义，是"天之道"；使人不敢恣意妄为的，是"天之心"。废弃道义毁灭道德，是鄙视"天之道"；心胸奸险狭隘放肆无羁，是违背"天之意"。王充认为："人、物系于天，天为人、物主也。"（《论衡·变动》）人和物都隶属于天，天是人和物的主宰。还认为："人生于天，含天之气，以天为主，犹耳目手足系于心矣。心有所为，耳目视听，手足动作。谓天应人，是谓心为耳目手足使乎？"（《论衡·变动》）就是说，人为天所生，含有天之气，以天为本，好比耳目手足受心支配。心里想什么，耳目就听什么看什么，手足也会跟随行动。耳目手足听命于心，如同人听命于天。

由此可见，在王充看来，天有心，有意，有仁义道德，有人格性和主宰性。王充颇为赞同孔子的"死生有命，富贵在天"①，并以此论证人的"祸福死生，不在遭逢吉祥、触犯凶忌"（《论衡·辨祟》），还认为："人之生也，精气育也；人之死者，命穷绝也。人之生，未必得吉逢喜；其死，独何为谓之犯凶触忌？"（《论衡·辨祟》）人的祸福死生，不是因为遇上了吉祥或触犯了凶忌。人之所以活着，是由于精气还存在；人之所以死亡，是因为寿命已经全部完结。人活着，不一定是由于得吉逢喜；人死了，也不一定是由于触犯了凶神忌讳。王充说："以孔子证之，以死生论之，则亦知夫百祸千凶，非动作之所致也。孔子圣人，知府也；死生，大事也；大事，道效也。孔子云：'死生有命，富贵在天。'众文微言不能夺。"（《论衡·辨祟》）由此可见，王充认为用孔子的话来论证，用死生问题来论证，可知"百祸千凶"并非由行为所招致。孔子是圣人，是智慧的府库；死生是大事，大事是道的具体体现。所以，孔子说："死生有命，富贵在天。"文章再多，言语再微妙，也驳不倒这句话。王充以"死生有命，富贵在天"一句，来批判社会上流行的遇事要择"吉日"，否则会

---

① 《论语·颜渊》载，司马牛忧曰："人皆有兄弟，我独亡。"子夏曰："商闻之矣：死生有命，富贵在天。君子敬而无失，与人恭而有礼。四海之内，皆兄弟也。君子何患乎无兄弟也？"子夏开导司马牛，说"死生有命，富贵在天"，强调的是命的偶然性，正因为命是偶然的，是无法确定的，所以将命难以掌握的原因归于天。朱熹认为："命禀于有生之初，非今所能移；天莫之为而为，非我所能必，但当顺受而已。""君子敬而无失，与人恭而有礼"，君子严肃认真、不放纵，对人恭敬而又合乎礼制。只要言行符合"礼"，就会"四海之内，皆兄弟也"。这里虽在说"命"，归根结底还是在说"天"，是君子不能违背的顺乎忠、孝、仁、义的天。

"触鬼逢神"的迷信活动。笔者认为，王充发现了问题，也解决了问题，但给自己用以反对儒家"天人感应"说的"自然之天"赋予了人格色彩，这是王充思想的弊端，也为后人诟病其思想留下了证据。

孔子认为"君子有三畏，畏天命，畏大人，畏圣人之言"（《论语·季氏》），其中，"畏天命"指心中要时刻保存对天的敬畏，这种敬畏包括不敢"获罪于天"（《论语·八佾》）。"王孙贾问曰：'与其媚于奥，宁媚于灶，何谓也？'子曰：'不然，获罪于天，无所祷也。'"（《论语·八佾》）孔子认为没有必要去巴结谁，若是得罪了上天，祈祷也没有用。"获罪于天"的"天"指的是具有伦理意义的"天理"。朱熹认为："天，即理也；其尊无对，非奥灶之可比也。逆理，则获罪于天矣，岂媚于奥灶所能祷而免乎？言但当顺理，非特不当媚灶，亦不可媚于奥也。"① 孔子虽然对祭祀、祭神非常虔诚，但是相较于对礼的重视，便显得微不足道了。在孔子看来，只有知礼的人，才有忠、孝、仁、义等品质，忠、孝、仁、义是安身立命之本。由此可见，孔子说的"获罪于天"是指违背了忠、孝、仁、义，即人之本性。违背人之本性，便是违背天理，所以才会"获罪于天"。所以，无论是媚于奥灶还是祷于天，都无济于事。儒家强调"畏天命"，所以人们开始努力求得天的保佑，以期得到好的"天"命，因此有"富贵在天"之说。无论是"畏天命"之天、"获罪于天"之天还是"富贵在天"之天，都是神灵之天，都含有一定的伦理意义。王充反对"天人感应"说，认为"夫人不能以行感天，天亦不随行而应人"（《论衡·明雩》），天是"自然无为"的存在，人是有意识的存在，所以，人不能用道德行为来感动天，天也不会以人的道德行为来谴告人。《论衡·寒温》："夫天道自然，自然无为。二令参偶，遭适逢会，人事始作，天气已有，故曰道也。使应政事，是有为，非自然也。"天道是自然形成的，自然形成的就是无意识的。"二令参偶，遭适逢会"，之所以一致，是因为偶然碰在了一起。"天气"的变化在人和人类社会产生之前就已经存在，所以不存在天气变化应和政事之

---

① 朱熹：《四书章句集注》，中华书局，2012，第65页。

说。所以,"夫天道,自然也,无为。如谴告人,是有为,非自然也"(《论衡·谴告》)。天与人属于不同的范畴,天无为而人有为。

《论语·子路》载,子曰:"南人有言曰:'人而无恒,不可以作巫医。'善夫!""不恒其德,或承之羞。"子曰:"不占而已矣。"在孔子的时代,"南人"属蛮域之人,多行巫医之术。南方落后地区的人认为,人如果没有恒心,连巫医都做不了。孔子以此引出,人如果不能长久保存德行,就会招致耻辱,更不可能修身、治国。"不恒其德,或承之羞"本是《易经》中恒卦的爻辞,孔子由此得出不必占卜的结论。尽管王充并没有征引这条史料,但是在《论衡·卜筮》中引用了好几条关于孔子的史料,而《论衡·卜筮》又旨在论证"天地审告报,蓍龟真神灵"之卜筮活动是无稽之谈。所以,笔者认为,王充在创作《论衡·卜筮》之时,必然会受到《论语·子路》中这条史料的影响,"枯骨死草,何知而凶"一句就是最好的证明。由此可见,孔子对诸如祷告和占卜活动是没有兴趣的,王充笔下的孔子在大多数情况下的确是这样,但是《论衡·卜筮》有例外,如:

> 鲁将伐越,筮之,得"鼎折足",子贡占之以为凶。何则?鼎而折足,行用足,故谓之凶。孔子占之以为吉,曰:"越人水居,行用舟,不用足,故谓之吉。"鲁伐越,果克之。夫子贡占"鼎折足"以为凶,犹周之占卜者谓之逆矣。逆中必有吉,犹折鼎足之占宜以伐越矣。周多子贡直占之知,寡若孔子诡论之材,故睹非常之兆,不能审也。世因武王卜,无非而得凶,故谓卜筮不可纯用,略以助政,示有鬼神,明己不得专。

鲁国将要攻打越国,对这件事进行占卜,得到的爻辞是"鼎折足"①。

---

① 据北京大学历史系《论衡》注释小组撰《论衡注释》载,王充引述的这件事情可能有误,因为孔子在世之时,吴国还没有被越国所灭,鲁国不可能越过吴国去攻打越国。《太平御览》卷七二八记载:"孔子使子贡往外而未来,谓弟子占之。遇鼎,皆言:'无下足,不来。'颜子掩口而笑曰:'无足者,乘舟而来。赐至矣,清朝也!'子贡果朝至。"王充所引述的事情可能同《太平御览》之记载有关。北京大学历史系《论衡》注释小组:《论衡注释》,中华书局,1979,第1380页。

子贡认为是凶兆，因为行走要用足，所以认为它是凶兆。孔子却认为是吉兆，因为越人居住在水边，行动用船，不用足，所以认为它是吉兆。鲁国攻打越国，果然战胜了越国。子贡占卜"鼎折足"认为是凶兆，如同周代占卜人说武王伐纣不吉利一样。不吉中一定含有吉，就像"鼎折足"这样的预兆有利于攻打越国一样。周代人多数像子贡那样只有死板地解释兆数吉凶的能力，很少有人像孔子那样具有与众不同的论证才干，所以，当看到异乎寻常的兆数时，就不能辨别清楚。世人因为武王占卜没有过失而得凶兆，所以认为卜筮不能完全信赖，只能略微用来辅助政务，表示有鬼神在支配，说明不是自己在专断。当然，王充引用此事并不是为了说孔子占卜，也不是为了彻底揭露卜筮活动的本质，从而使其站不住脚，而是为了得出"卜筮非不可用"的结论，"从自然命定论的观点出发，认为'善人'卜筮总会碰巧得到吉兆，'恶人'总会碰巧得到凶兆"①。王充还认为卜筮可以反映事情的吉凶，有时之所以不灵验，是因为占卜人对卦象所预示的吉凶判断错了。"象无不然，兆无不审，人之知暗，论之失实也"（《论衡·卜筮》），梦兆没有不对的，龟兆没有不明的，人的才智愚昧，才导致论断兆象偏离了实情。"兆数无不然，而吉凶失实者，占不巧工也"（《论衡·卜筮》），兆数没有不对的，而吉凶失实，是因为占卜的人不够高明巧妙。

　　王充笔下的孔子，大部分时候对祷告、占卜这类迷信活动没有兴趣，但是，在论述该不该举行雩祭时，王充征引并解释了《论语》中关于雩祭的话，得出孔子支持举行雩祭活动的结论。具体如下。

> 　　何以言必当雩也？曰：《春秋》大雩，传家左丘、公羊、穀梁无讥之文，当雩明矣。曾皙对孔子言其志曰："暮春者，春服既成，冠者五六人，童子六七人，浴乎沂，风乎舞雩，咏而馈。"孔子曰："吾与点也！"鲁设雩祭于沂水之上。"暮"者，晚也。"春"，谓四月也。

---

① 北京大学历史系《论衡》注释小组：《论衡注释》，中华书局，1979，第1367页。

> "春服既成"，谓四月之服成也。"冠者"、"童子"，雩祭乐人也。"浴乎沂"，涉沂水也，象龙之从水中出也。"风乎舞雩"，"风"，歌也。"咏而馈"，咏歌馈祭也，歌咏而祭也。说《论》之家，以为浴者，浴沂水中也；风，干身也。周之四月，正岁二月也，尚寒，安得浴而风干身？由此言之，涉水不浴，雩祭审矣。《春秋左氏传》曰："启蛰而雩。"又曰："龙见而雩。"启蛰、龙见，皆二月也。春二月雩，秋八月亦雩。春祈谷雨，秋祈谷实。当今灵星，秋之雩也。春雩废，秋雩在。故灵星之祀，岁雩祭也。孔子曰："吾与点也！"善点之言，欲以雩祭调和阴阳，故与之也。使雩失正，点欲为之，孔子宜非，不当与也。樊迟从游，感雩而问，刺鲁不能崇德，而徒雩也。（《论衡·明雩》）

以上这段话是王充对《论语》征引最为全面、解释最为详细的一段话。对于为什么一定要举行雩祭，王充认为，不仅《春秋》上有关于雩祭的记载，而且作"传"的左丘明、公羊高、穀梁赤对此都没有讥刺的说法，因此，应当举行雩祭。曾皙对孔子谈自己的志向时说："暮春者，春服既成，冠者五六人，童子六七人，浴乎沂，风乎舞雩，咏而馈。"孔子表示赞同曾皙的想法。鲁国设雩祭之所是沂水旁。"暮春"指四月。"暮春者，春服既成"就是说四月的衣服已经做好了。"冠者""童子"则分别指雩祭伴奏、跳舞的人。"浴乎沂"指涉过沂水，象征从水中出来的龙。"风乎舞雩"，"风"指唱歌。"咏而馈"，则是讲唱着歌用酒食雩祭，歌唱咏诵而祭祀。另外，王充还指出历来解说《论语》的人的谬误，他们一般认为浴是在沂水中沐浴，风是吹干身上。王充认为，周历的四月，是夏历的二月，天气还非常寒冷，不可能沐浴后让风吹干身体。由此说来，只可能是涉水不可能是沐浴，雩祭是确实的了。王充又引《春秋左氏传》中说的惊蛰时要雩祭和龙星出现要雩祭[①]，认为惊蛰与龙星都在二月出现，春

---

① 据《论衡·祭意》，王充认为"灵星"即"龙星"，而灵星又是传说中主管农业的星。

天在二月雩祭，秋天在八月也雩祭。春雩是为谷苗祈求雨水，秋雩是为谷穗祈求长得饱满。祭祀灵星就是以前在秋天举行的雩祭。春雩废除了，秋雩还存在，所以现在对灵星的祭祀，就等于是每年的雩祭。王充还认为，孔子所说的"吾与点也"，是称赞想用雩祭来调和阴阳之气的想法，王充以此反推，假如雩祭不符合正道，孔子是不会赞同曾皙的。《论语·颜渊》："樊迟从游于舞雩之下，曰：'敢问崇德、修慝、辨惑。'子曰：'善哉问！先事后得，非崇德与？攻其恶，无攻人之恶，非修慝与？一朝之忿，忘其身，以及其亲，非惑与？'"我们一般解读这条史料，会忽略"从游于舞雩之下"一句，只是简单地关注樊迟的提问。王充在此以"樊迟从游，感雩而问，刺鲁不能崇德，而徒雩也"一句概括，虽然文字不多，却比一般解读《论语》的人解读的范围更大。王充认为樊迟随孔子出游，之所以求问于孔子"崇德、修慝、辨惑"，是因为对鲁国的雩祭有所感触，批评鲁国不崇尚德行，只知道举行雩祭。

综上所述，针对"卜者问天，筮者问地"（《论衡·卜筮》），王充论述了他的"天道自然无为"思想，指出天不能回答人提出的疑问，将原本已经阐释得很好的"自然之天"引入自然命定论的范畴，得出一个尴尬的结论，从而使其之前的论述全部付之东流，没有达到该有的效果。王充对孔子雩祭活动的注释，从驳斥儒家"天人感应"说开始，最后却落入人君举行雩祭是对人民的关怀。在王充视界中，孔子认为雩祭符合礼，所以应当举行雩祭。王充却以对孔子这一思想的解读，来说明人君举行雩祭是为了表达对百姓的关怀，将原本符合礼的雩祭释为形式主义。这是王充认识上的局限。

二

王充与孟子天论

王充对孟子的"自然之天"和"主宰之天"也进行了详细的解

读。孟子关于"天"的论述与孔子一脉相承,比孔子更加全面、系统。总的来说,孟子面对不同的"天"的态度是不一样的,认为面对"自然之天"应当"顺天",面对"主宰之天"应当"畏天"和"知天"。王充看到了孟子"顺天""畏天""知天"的不同态度,并利用这种区分,来批判儒家"天人感应"说。傅佩荣《儒家天道发微》一书中认为孟子"天"的概念对前人的发展有以下三个方面:"第一,孟子由古代典籍征引许多相关资料,藉以阐述'天'概念的历史背景与根据;第二,孟子把孔子对天的个人认知扩展为人类的共同处境,藉以肯定'天'概念的普遍意义;第三,孟子将天命或命运连结了人之道,藉以深化'天'概念的作用。"①

(一) 自然之天

王充对孟子"自然之天"的解读与对孔子"自然之天"的解读方法不同。对《论语》中孔子关于"自然之天"的理论,王充是直接进行征引和解读的。虽然孟子对"自然之天"的论述比孔子更加详细、纯粹,即单纯以自然现象为研究对象,王充对孟子"自然之天"的论述却并未直接征引。不过通过王充对孟子"自然之天"论述的解读,依然可以清晰地看到孟子"自然之天"的身影。

如果说孟子对"自然之天"的论述比孔子更加详细、纯粹,单纯以自然现象为对象,那么王充对"自然之天"的论述不仅比孟子更加详细、纯粹,而且更加科学。具体如下:

> 天道无为,故春不为生,而夏不为长,秋不为成,冬不为藏。阳气自出,物自生长;阴气自起,物自成藏。汲井决陂,灌溉园田,物亦生长。霈然而雨,物之茎叶根荄,莫不洽濡。……沛然之雨,功名大矣,而天地不为也,气和而雨自集。(《论衡·自然》)

---

① 傅佩荣:《儒道天论发微》,中华书局,2010,第 113 页。

由此可见，在王充看来，"天道无为"，春夏秋冬的更替是自然而然形成的，天不会为了农作物生长而做有意的安排，是阴阳二气使农作物自然"生""长""成""藏"，"汲井决陂"可以"灌溉园田"，"霈然而雨"也可以滋养农作物。滋养农作物的大雨，功业名声是很大的，天却不会有意识地下雨，只要阴阳之气和顺，大雨就会自然降落。王充这一思想同《孟子·梁惠王上》中的"七八月之间旱，则苗槁矣。天油然作云，沛然下雨，则苗浡然兴之矣。其如是，孰能御之"十分相似，又详细许多。尤其是"天油然作云，沛然下雨，则苗浡然兴之矣"一句，王充所论述的内容可以视为对此句的解读。此句的原意指，盛夏之时天大旱，禾苗干枯，只要天上乌云密布，下起大雨，禾苗便会蓬勃生长起来。这种情况是自然而然的，没有人可以阻挡。孟子本意是以此句劝梁惠王行仁政。在孟子所处的时期，各诸侯国都忙着称王称霸，百姓生活苦不堪言，孟子将行仁政喻为七、八月间的沛然大雨是合情合理的，当百姓都处于水深火热之中时，若有国君推行仁政，百姓会如同"水之就下，沛然谁能御之"（《孟子·梁惠王上》）般自然归顺。王充在此舍弃了孟子推行仁政的本体，选取了孟子的喻体，是为了截取孟子这则比喻之中本体的自然性，由此可以看出，此处王充笔下的孟子之天是可以下雨的自然之天，即张立文所说的"天空、天地、天然之天"①。

孟子对"自然之天"的论述非常详细，如"天之高也，星辰之远也，苟求其故，千岁之日至，可坐而致也"（《孟子·离娄下》）。天如此之高，星辰如此之远，假如寻求到它们运行的本原，千年以后的"日至"都能坐而得知。对此，朱熹认为："天虽高，星辰虽远，然求其已然之迹，则其运有常。虽千岁之久，其日至之度，可坐而得。"② 孟子的"行其所无事"和朱熹的"其运有常"指的都是按客观规律办事。可见，在孟子看来，"自然之天"是有规律可循且人力无法左右的。人类面对客观规律时，只

---

① 张立文：《王充的天人之间》，《杭州师范大学学报》（社会科学版）2010 年第 6 期。
② 朱熹：《四书章句集注》，中华书局，2012，第 302 页。

能认识和顺应。只要掌握了天体运行的规律，即使千年以后的节气，也可以推算出来。孟子认为"智者亦行其所无事"，天体本来的运行规律是最好的状态，万物依其本性发展是大智慧。朱熹认为："事物之理，莫非自然，顺而循之，则为大智。若用小智而凿以自私，则害于性而反为不智。"① 王充对孟子的这条史料虽然没有直接征引，但是，王充的"自然之天"同孟子的如出一辙，而又更为详细，所以，笔者认为，王充"自然之天"理论是建立在对孟子"自然之天"理论解读的基础上的。

> 儒者论曰："天左旋，日月之行，不系于天，各自旋转。"难之曰：使日月自行，不系于天，日行一度，月行十三度，当日月出时，当进而东旋，何还始西转？系于天，随天四时转行也。(《论衡·说日》)

儒者认为，天左旋，日月之行，不系于天，各自旋转。王充对此进行了非难。他认为假使太阳、月亮各自独立运行不依附于天，就会出现"日行一度，月行十三度"的情况。据此，当太阳、月亮出来的时候，应该是由西向东旋转，而不是由东向西旋转。之所以太阳、月亮由东向西旋转，是因为它们依附于天，即"随天四时转行"。可见，在王充视界中，日月星辰都附着在天上，随天四时转行；地不动，天左旋，日月星辰向右旋转。

另外，王充在《论衡·自然》中还引用《孟子·公孙丑上》中揠苗助长的寓言。"宋人有闵其苗之不长者，就而揠之，明日枯死。夫欲为自然者，宋人之徒也。"孟子借此要求人们尊重客观规律。因为客观事物的发展都有其规律，所以人们对待一切事物都必须按照客观规律去发挥自己的主观能动性，否则会如同宋人一样，适得其反。王充认为，面对自然规律时，人类最理想的状态是"无为"。虽然"有为"有时可以起辅助作用，但绝不会起决定性作用，任何"有为"的活动只要破坏自然规律就会受到自然的惩罚。王充对孟子这条史料的征引虽未涉及孟子之天，

---

① 朱熹：《四书章句集注》，中华书局，2012，第302页。

但其表达的人面对自然规律应该持顺其自然的态度,同"自然之天"的运行规律相似。

综上所述,孟子只是简单地提到通过对天体运行规律的掌握,人们可以推知千年后"日至"的时间,由此将天体运行规律引入思想体系内,并以天体运行规律去论证自然规律;王充在孟子的基础上,吸收汉时更为科学的天文知识,详细论述了天体的运行规律。孟子"自然之天"强调的天运行具有不以人的意志为转移的客观必然性,也是王充"自然之天"所强调的。笔者认为,王充对天体运行的规律问题的论述,是在对孟子思想的解读和吸收之上进行的,比孟子更加深入、系统。

(二) 主宰之天

王充笔下的孟子之天有时也指可以决定人们命运的、有意志的"主宰之天"。

王充通过对孟子"主宰之天"的批判性解读,来解魅儒家"天人感应"说。孟子非常重视"诚",并将人之道与天之道通过"诚"联系在一起。[①]"诚者,天之道也;思诚者,人之道也。至诚而不动者,未之有也;不诚,未有能动者也。"(《孟子·离娄上》)由此可见,在孟子看来,诚,是上天的准则,追求诚,是为人的准则。极端的诚心可以感动人心,无诚心则不能感动人心。孟子还认为:"虽有恶人,斋戒沐浴,则可以祀上帝。"(《孟子·离娄下》)即使是恶人,只要有诚意,戒掉缺点,洗清自己,也可以祭祀天上的神仙。可见孟子对"诚"的重视。王充虽然没有直接批判孟子这句话,却在《论衡·变动》和《论衡·感虚》中,用大量篇幅论述了人的"至诚"不能改变温寒,人的"精诚"也不能感动天地鬼神,并试图以此来切断人与天的联系。

---

① 诚,真实无妄之意。天指自然,天之道就是自然之道,或自然的规律。自然界的一切,即宇宙万物都是实实在在的、真实的,真实是宇宙万物存在的基础。所以说诚是天之道。人之道,是指做人的道理或法则。孟子对"诚"的重视对后世的影响非常大,后世一致认为人道与天道一致,人道本于天道。

> 夫天亦远，使其为气，则与日月同；使其为体，则与金石等。以尧之精诚，灭日亏金石，上射日，则能穿天乎？世称桀、纣之恶，射天而殴地；誉高宗之德，政消桑榖。今尧不能以德灭十日，而必射之，是德不若高宗，恶与桀、纣同也，安能以精诚获天之应也？（《论衡·感虚》）

天特别远，如果它是气，那就与日月相同；如果它是物体，那就同金属、石头一样。尧的真心诚意不能去掉太阳也不能毁坏金属、石头，那么他举箭向上射天也不能射穿天。尧尚且不能用良好的德操来除掉十个太阳，而一定要凭借外力射掉太阳，并非因为尧的德操不好，这么说来，就不存在用"精诚"去获得上天去掉九个太阳的报应。王充认为，无论天是气还是体，"精诚"都不能使天发生任何改变，有德如尧都不能通过"德"与"精诚"这种看不见的意识性活动达成愿望，而需要凭借物质性的中介物来实现。这是王充反对孟子"至诚"可以感动人心、与天沟通的第一步。

> 或曰："未至诚也。行事至诚，若邹衍之呼天而霜降，杞梁妻哭而城崩，何天气之不能动乎？"夫至诚，犹以心意之好恶也。有果蓏之物，在人之前，去口一尺，心欲食之，口气吸之，不能取也；手掇送口，然后得之。夫以果蓏之细，员圌易转，去口不远，至诚欲之，不能得也，况天去人高远，其气苍苍无端末乎？盛夏之时，当风而立；隆冬之月，向日而坐。其夏欲得寒而冬欲得温也，至诚极矣。欲之甚者，至或当风鼓箑，向日燃炉，而天终不为冬夏易气，寒暑有节，不为人变改也。夫正欲得之而犹不能致，况自刑赏意思不欲求寒温乎！（《论衡·变动》）

有人认为，之所以邹衍仰天长叹而天降霜、杞梁妻痛哭而城墙崩塌，是因为"行事至诚"，只要"行事至诚"，就可以感动天上的气。王充认为,"至诚"指人心意的好恶。瓜果虽然近在咫尺,尽管内心想吃,用口中之气也不能将之吸入口中,必须靠手去拿,才能送入口中。王充以此类推,认为人尚不能以"至诚"之心与咫尺之间的物交流,更不可能同又高又远的天交流。没有什么能比得上人在酷暑中对凉爽的渴望、在严寒中对温暖的渴望虔诚。即使迎风扇扇子或者对着太阳燃烧火炉,天也不会因此而改变寒温之气。寒来暑往有一定的规律,不会为人心的诚或不诚而改变。寒温之气尚不能改变,君主施行的刑与赏更不可能改变。王充以人不能同近在咫尺的瓜果发生感应,类推人同样不能与又高又远的天相感应,认为"至诚"之心连寒温都无法改变,更不可能改变君主的刑罚,所以,"行事至诚"可以感动天之说就不成立。笔者认为,这种类推方式符合逻辑,也具有一定的说服力。在此之前王充对孟子"至诚而不动者,未之有也;不诚,未有能动者也"(《孟子·离娄上》)的批判都没有问题,但是,《论衡·感虚》的相关论述,却出现了瑕疵。

> 夫以箸撞钟,以筹击鼓,不能鸣者,所用撞击之者小也。今人之形不过七尺,以七尺形中精神,欲有所为,虽积锐意,犹箸撞钟、筹击鼓也,安能动天?精非不诚,所用动者小也。

用筷子敲钟,用算筹打鼓,之所以不能发出声音,是因为用来敲打的东西太小。人依靠七尺之躯,想对天有所作为,如同用筷子敲钟、用算筹打鼓一样,并非心不诚,而是用来感动上天的东西太小。笔者认为,王充通过筷子与钟、算筹与鼓这两对大小悬殊的物体来论证人不能与天发生感应是不严密的。以筷子敲钟、用算筹打鼓不能发出声音,确实是由于大小悬殊使之似乎没有声响,但是天与人之间不能沟通绝不是因为大小悬殊。笔者认为,王充的"微小之感,不能动大巨"(《论衡·感虚》)之说虽然成立,但是这种说法并不能得出天和人不能产生精神感应。这种推导过程,难免让人觉得只要缩小"微小"和"大巨"的差距,天和人就会感应,似乎是默认了天和人可以有精神感应。

王充认为"天道自然无为",天道有其自身运行的规律,"日月行有常度","寒温自有时",雨雪"皆由云气发于丘山"(《论衡·感虚》),天道运行的规律不会因人主观的"精诚"而改变。王充还认为,有些人、事、物看起来似乎有"感应",不过是因为人们的行动与自然变化偶然巧合,与人的"至诚"没有关系,也不是人的"精诚"所导致的。

　　王充认为孟子的"五百年有王者兴",言下之意是"天故生圣人"。《论衡·物势》:"儒者论曰:'天地故生人。'"可见,王充笔下的"天地故生人"应该与"天故生圣人"一句有千丝万缕的联系。儒家认为天地有意识地创造了人,王充认为这种说法荒诞不实。《孟子》一书中有关于"天地故生人"的论述,如《孟子·梁惠王下》引《书》说:"天降下民,作之君,作之师。惟曰其助上帝,宠之四方。有罪无罪,惟我在,天下曷敢有越厥志!"上天降生了老百姓,又替老百姓降生了君王和老师,君王和老师的唯一责任是帮助"上帝"来爱护老百姓。所以,天下四方的有罪者和无罪者,都由我来负责,普天之下,何人敢超越上帝的意志呢?《孟子·万章上》载,万章问孟子:"舜有天下也,孰与之?"孟子说:"天与之。"可见,在孟子看来,天可以决定人的命运,具有至高无上的权威;上天育众生,所以,众生都具有自己的规律;上天育万民,所以,对万民的际遇和命运,上天有操纵的大权;甚至还认为君主能否得到天下,全靠上天的赐予。虽然王充没有详细论述天地如何"故生人",但是他详细批判了"天地故生人"。如:

> 夫天地合气,人偶自生也,犹夫妇合气,子则自生也。夫妇合气,非当时欲得生子,情欲动而合,合而生子矣。(《论衡·物势》)

天地不是故意生人,也不是故意生万物,人和万物,是由于夫妇、天地"合气"而自然产生的。总之,王充一方面强调天在创生万物过程中的作用,另一方面又强调天的无意识性。王充"主宰之天"的基础是他的"自然之天",其"主宰之天"本质上是其"自然之天"的"天道"。所以,王充论天，认为天无意识、"自然无为"，并用天的无意识和"自然无为"论证天不能谴告君王、天没有瑞应、天不能赐福降灾。由此可见，王充对孟子"主宰之天"的解读，仅选择了"主宰之天"的创生性而忽视了其意志性。

冯友兰先生认为孟子之天"有时似指主宰之天，如'尧荐舜于天'之天。有时似指命运之天……有时则指义理之天。孟子因人皆有仁、义、礼、智之四端而言性善。人之所以有此四端，性之所以善，正因性乃'天之所与我者'，人之所得于天者。此性善说之形上学的根据也"①。笔者认为，王充在解读孟子之天时，只看到了"自然之天"和"主宰之天"，而忽略了"义理之天"。王充认为，孟子在面对"自然之天"时，采取"顺天"的态度，在面对"主宰之天"时，采取"知天"的态度。详而言之，在天人关系方面，孟子的基本观点是"天人相通"，其通过"诚"将天与人联系在一起，王充则以物质性的"气"为中介将天与人分开，在反对儒家"天人感应"说的过程中得出"夫人不能以行感天，天亦不随行而应人"（《论衡·明雩》）的结论。

三

王充与荀子天论

王充在《论衡》中对荀子思想的批判相对较少且常尊称荀子为"孙卿"或"孙卿之辈"，甚至在《论衡·别通》中还称荀子为"周世通览之人"。虽然王充很少征引荀子的思想，但是荀子思想对王充的影响极大。《荀子》中有《天论》，《论衡》中有《谈天》；《荀子》中有《儒效》，《论衡》中有《效力》；《荀子》中有《非十二子》，《论衡》中有《刺孟》《非韩》《问孔》《薄葬》。虽然王充没有像征引孔子、孟子思想那样直接征引荀子思想，《论衡》中却有对荀子思想的间接征引和对荀子相关理论

---

① 冯友兰：《中国哲学史》（上），重庆出版社，2009，第109页。

的解读。荀子"自然之天"思想吸收了道家"天道自然无为"思想，对儒家之天进行了一定程度的批判。这点同王充相似。胡适在《中国哲学史大纲》一书中说："荀子在儒家中最为特出，正因为他能用老子一般人的'无意志的天'，来改正儒家、墨家的'赏善罚恶'有意志的天；同时却又能免去老子、庄子天道观念的安命守旧种种恶果。"① 可见，荀子之天有浓厚的自然之天的色彩，这与王充之天也相似，所以有学者认为王充之天受荀子的影响超过老子，更有甚者认为王充同荀子在诸多地方是相同的。② 笔者认为，王充对其天论思想的阐述，是对荀子天论的阐发和注解。

（一）自然之天

王充对荀子"列星随旋，日月递照""阴阳大化"（《荀子·天论》）的"自然之天"理论进行了详细的解读，对儒家"天人感应"说的批判也是在对荀子"明于天人之分"（《荀子·天论》）的解读基础上完成的。

王充将荀子的"自然之天"解释为"列星着天，天已行也，随天而转，是亦行也"，星星附着于天，天原本就在运行，所以，依附于天的星星也随着天的旋转而旋转。"列星"随天而旋转，日月也"系于天，随天四时转行"（《论衡·说日》）。以上只是王充对荀子"列星随旋，日月递照"思想的简单阐述，王充对荀子思想的理解并非只有以上寥寥几句，他还对荀子"列星"如何旋转、日月如何交替运行等问题进行了详细的注解。如："云不附天，常止于所处。使日不附天，亦当自止其处。由此言之，日行附天明矣。"（《论衡·说日》）王充以云不依附于天，所以云不随天运行，而停留在原来的位置上类推，假设太阳不附着于天，那么，太阳也应当一直停留在原来的位置上，然而太阳并非如此，所以说太阳的运

---

① 胡适：《中国哲学史大纲》，中华书局，2018，第232页。
② 郑文在《荀况对王充的思想影响》（《河北学刊》1984年第4期）一文中认为王充思想来源于荀子。孙叔平在《中国哲学史稿》（上海人民出版社，1980，第330页）中认为王充"是继荀况之后的伟大的唯物主义者，他促进了先秦之后中国哲学唯物主义的第一次跃进"。

行附着于天。王充认为"日月之行也,系着于天也"(《论衡·说日》),即日、月、星辰都依附于天运行,而非自己运行。王充引《易》中名言来论证自己的观点,如"日月星辰丽乎天,百果草木丽于土",太阳、月亮和星星都附着于天,如同各种果实和草木都附着于地。王充还认为:"附天所行,若人附地而圆行,其取喻若蚁行于硙上焉。"具体来说:"系于天,随天四时转行也。其喻若蚁行于硙上,日月行迟,天行疾,天持日月转,故日月实东行,而反西旋也。"(《论衡·说日》)日月自东向西旋转,是因为它们附着在天上,跟随天四季运转。以蚂蚁在磨盘上行走为喻,说明日、月运行慢,天运行快,天带着日、月转动,所以日、月实际上是由西向东运行,看起来却像是由东向西旋转。而关于日、月的运行速度,王充则认为"日行一度二千里,日昼行千里,夜行千里";"月行十三度,十度二万里,三度六千里,月一日一夜行二万六千里";"天行三百六十五度,积凡七十三万里也"(《论衡·说日》)。太阳每天运行一度,共计两千里,白天运行一千里,夜晚运行一千里;月亮每天运行十三度,十度是二万里,三度是六千里,月亮一天一夜要运行二万六千里;天运行三百六十五度,共七十三万里。

王充对荀子的"阴阳大化"(《荀子·天论》),"天地合而万物生,阴阳接而变化起"(《荀子·礼论》)等理论虽没有直接征引,却有详细的注解。王充将荀子的"天地合而万物生"引申为"天地合气,万物自生"(《论衡·自然》),使其更易理解,指阴阳二气交互感应,就能生成自然万物。在王充看来,之所以"天地合而万物生",是因为天地是"含气之自然"(《论衡·谈天》)。王充之气,又称"元气",指构成人和万物的物质元素,是天地星宿在不断运动中自然而然地施放出来的。"天之行也,施气自然也,施气则物自生,非故施气以生物也。天不动,气不施,气不施,物不生,与人行异。日月五星之行,皆施气焉。"(《论衡·说日》)天运行,是在自然而然地散布气,施放了气万物就会自然产生,而不是故意施放气来使万物产生。天不转动,就不会施放出气,不施放气,就不会产生万物,可见天的运行跟人的行走不一样。太阳、月亮和五颗恒星的运行,都是天散布了气的缘故。

王充对荀子的"天之所覆,地之所载"(《荀子·王制》)也有独到的见解。荀子的"天之所覆,地之所载"原指天覆盖万物,地承受一切。王充也有类似的观点,如"天覆于上,地偃于下,下气烝上,上气降下,万物自生其中间矣"(《论衡·自然》),即天覆盖在上面,地仰卧在下面,地下的气向上升至天上,天上的气向下降至地下,万物自然而然地产生在天地之间。因为在王充看来,"天地,含气之自然"(《论衡·谈天》),所以,以"气"释荀子"天之所覆,地之所载"较合情理,王充有时简单地说"气皆统于天"(《论衡·订鬼》),"一天一地,并生万物"(《论衡·齐世》),只是说法不同,实质并无不同。

以上是王充对荀子"自然之天"的注解,可以说王充对荀子"自然之天"理论的理解、阐发是准确的,有助于我们对荀子"自然之天"的理解。总之,在王充视界中,荀子的天是与地相对的"自然之天",天地运气可以产生阴阳二气,阴阳二气交互感应,能生成自然万物。天地皆是含气的物质实体,天地运行,就自然而然地施放出构成人和万物的气。气来源于天,所以说"气皆统于天"。王充由此得出"人不能以行感天,天亦不随行而应人"(《论衡·明雩》)的结论,认为决定"殃祸"与"治世"①的不是"天",而是人,所以,天不能与人相感应,天人相分。

(二) 宗教之天

依前文所述,王充笔下的荀子之天多指看得见的有形的"自然之天",同时也有看不见的无形的"宗教之天"。笔者认为,在王充视界中,"自然

---

① 《荀子·天论》:"受时与治世同,而殃祸与治世异,不可以怨天,其道然也。故明于天人之分,则可谓至人矣。"荀子认为,天按一定的规律运行,不因为任何人或存或亡。办事只要顺应自然规律就可以办好,反之,就办不好。"受时"与"治世"相同,"殃祸"与"治世"不同,事物的规律如此,不能因此而"怨天"。所以,人只要能明辨自然界的规律,然后采取相应行动,就可以称得上是圣人。

之天"与"宗教之天"是荀子之天的不可分割的两个方面。

荀子强调祭天,如:"郊者,并百王于上天而祭祀之也。"(《荀子·礼论》)学术界普遍认为,荀子虽重视宗教仪式活动,但并不迷信天命鬼神,他认为宗教仪式活动不过是在教育民众。但是,荀子并不是支持所有的祭天行为。如《荀子·天论》:"雩而雨,何也?曰:无何也,犹不雩而雨也。日月食而救之,天旱而雩,卜筮然后决大事,非以为得求也,以文之也。故君子以为文,而百姓以为神。以为文则吉,以为神则凶也。""雩"是我国古代专门为求雨而举行的祭祀。荀子认为祭神求雨就会下雨,与不祭神求雨也会下雨一样。可见,在荀子看来,下雨与不下雨都是普通的自然现象。他还认为,古人并不认为"卜筮"真的可以得到所祈求之物,只是用"卜筮"来文饰政事而已。君子把这些活动看作一种文饰行为,百姓却将之视为"神"。视为文饰就吉利,视为"神"则凶。

王充对"天旱而雩""卜筮然后决大事"均有详细的解读和阐发,还为此专门著有《明雩》和《卜筮》两篇。王充认同荀子的"雩而雨"犹如"不雩而雨"的说法,并详细解释了荀子的"天旱而雩,卜筮然后决大事,非以为得求也,以文之也。故君子以为文,而百姓以为神。以为文则吉,以为神则凶也"(《荀子·天论》)。荀子只是简单说"雩而雨"犹如"不雩而雨",王充则对此进行了详细的解释:"《春秋》鲁大雩,旱求雨之祭也。旱久不雨,祷祭求福,若人之疾病,祭神解祸矣,此变复也。"(《论衡·明雩》)王充首先解释了何为"雩"。《春秋》记载,鲁国举行雩祭,是天旱祈求下雨的祭祀。接着又解释了为何"雩而雨"犹如"不雩而雨"。天干旱的时间久了,到了该下雨的时候自然会下雨,人却以为是祷告祭祀、求天福祐而得到了雨;人生了疾病,可能会自愈,也可能需要服用一定数量的药物才能逐渐康复,人却以为是依靠祭祀神灵而解除了灾祸。这就是王充所谓的"变复",也是荀子所谓的"雩而雨"犹如"不雩而雨"。

此外,王充还对此句中的"文"进行了详细的注解。

> 夫灾变大抵有二，有政治之灾，有无妄之变。政治之灾，须耐求之。求之虽不耐得，而惠愍恻隐之恩，不得已之意也。慈父之于子，孝子之于亲，知病必祀神，疾痛必和药。夫知病之必不可治，治之无益，然终不肯安坐待绝，犹卜筮求祟，召医和药者，恻痛殷勤，冀有验也。既死气绝，不可如何，升屋之危，以衣招复，悲恨思慕，冀其悟也。雩祭者之用心，慈父孝子之用意。无妄之灾，百民不知，必归于主，为政治者慰民之望，故亦必雩。（《论衡·明雩》）

灾变大致有两种，一种是"政治之灾"，另一种是"无妄之变"。对于"政治之灾"应该进行祈祷。祈祷虽然不能得到天的保佑，却可以表示君主对百姓仁慈怜悯的恩典。慈父对于儿子，孝子对于双亲，知道有病必然祭祀以求神灵保佑，知道疾痛必然需要配药医治。即使知道是无法可医之病，治疗没任何好处，也不肯让病人安坐家中等待死亡，不是占卜求问是不是鬼神在作怪，就是请来医生配药，忧伤悲痛情意恳切，希望医治能够有效果。即使亲人已经气绝身亡，还要爬上屋脊，摇动衣服招魂，悲哀悔恨思念不已，希望死者可以复活。王充认为雩祭者的用心，如同慈父孝子一般。对于"无妄之变"，老百姓不了解具体情况，必然只会怪罪君主，君主为了安抚民心，所以只能举行雩祭。这里无论是因"政治之灾"进行的祈祷还是因"无妄之变"举行的雩祭，都是荀子所谓的"文"，是"吉"。王充对荀子之"文"的解读是具体而深入的，是富有创造性的阐释。

王充还开创性地将荀子的"礼"与雩祭相结合，放在一起进行解读。《荀子·礼论》："礼有三本：天地者，生之本也；先祖者，类之本也；君师者，治之本也。……故礼，上事天，下事地，尊先祖而隆君师。是礼之三本也。"① 可见，荀子认为礼最突出的根本有三种：一为天地，二为先祖，三为君师。王充从礼的角度对必须举行雩祭进行了阐释。

---

① 《大戴礼记·礼三本》认为："礼上事天，下事地，宗事先祖，而宠君师，是礼之三本也。"

> 夫雩,古而有之。故《礼》曰:"雩祭,祭水旱也。"故有雩礼,故孔子不讥,而仲舒申之。夫如是,雩祭,祀礼也。雩祭得礼,则大水,鼓用牲于社,亦古礼也。得礼无非,当雩一也。
>
> 礼,祭社,报生万物之功。土地广远,难得辨祭,故立社为位,主心事之。为水旱者,阴阳之气也,满六合,难得尽祀,故修坛设位,敬恭祈求,效事社之义,复灾变之道也。推生事死,推人事鬼。阴阳精气,倘如生人能饮食乎?故共馨香,奉进旨嘉,区区惓惓,冀见答享。推祭社言之,当雩二也。
>
> 岁气调和,灾害不生,尚犹而雩。今有灵星,古昔之礼也。况岁气有变,水旱不时,人君之惧,必痛甚矣。虽有灵星之祀,犹复雩,恐前不备,彤绎之义也。冀复灾变之亏,获酆穰之报,三也。
>
> 礼之心恫惆,乐之意欢忻。恫惆以玉帛效心,欢忻以钟鼓验意。雩祭请祈,人君精诚也。精诚在内,无以效外,故雩祀尽己惶惧,关纳精心于雩祀之前。玉帛钟鼓之义,四也。
>
> 臣得罪于君,子获过于父,比自改更,且当谢罪。惶惧于旱,如政治所致,臣子得罪获过之类也。默改政治,潜易操行,不彰于外,天怒不释,故必雩祭。惶惧之义,五也。(《论衡·明雩》)

王充从五个方面论述了应当举行雩祭的理由。第一条理由是"得礼无非"。《礼记·祭法》载:"雩祭,祭水旱也。"雩祭是非常古老的祭祀活动,对于这种自古就有的雩礼,孔子没有讥刺,董仲舒又发挥了它的大义。这说明雩祭是祭祀之礼。雩祭符合礼,则发大水就击鼓并献上牲畜祭祀土地神,也符合古礼。第二条理由是"推祭社"。祭祀土地,报答土地生长万物的功德。但土地宽广遥远,难以得到普遍祭祀,因此为土地立社并一心一意地供奉也符合情理。阴阳之气造成水旱灾害,而又充满天地之间,难以全部得到祭祀,所以修建祭坛设立牌位,恭敬地祈求,仿效祭祀土地,这也是消除水旱灾害的方法。这就是将对待活人的办法推行于侍奉死人,把对待人的办法推行于侍奉鬼神。将阴阳精气视为像活人一样能饮食，诚心诚意地供奉祭品，希望其可以对自己的供奉给予报答。第三条理由是"冀复灾变之亏，获鄞穰之报"。现在祭祀灵星依照的是古代的雩礼。阴阳之气调和，没有灾害发生，尚且举行雩祭，何况现在阴阳之气发生了变化，水旱灾害经常出现！虽然有对灵星的祭祀，仍然要举行雩祭，是因为担心只祭祀灵星不够周到，这就是一祭再祭的含义了。第四条理由是表达"玉帛钟鼓之义"。行礼的时候心是至诚的，乐曲的节奏是欢快的。以玉器丝帛来表达心的至诚，并用钟鼓来检验诚意。雩祭祷告祈求，君主是极诚恳的。因为至诚的心意隐匿于内，无法表达出来，所以，举行雩祭以尽量表达自己恐惧不安的心情，把自己的诚心献到雩祭台前。第五条理由是表达"惶惧之义"。臣下得罪了君上，儿子对父亲犯了过错，尚且应当对自己的罪过道歉。君主对旱灾惶恐不安，如果旱灾由政治所引起，就如同臣下得罪君上、儿子对父亲犯了过错一样。只是不声不响地改变政治，暗中改变道德行为，而不显露出来，上天的愤怒不会解除，所以必须举行雩祭，以表对旱灾的惶恐。

综上可知，在王充视界中，荀子的天由"自然之天"和"宗教之天"两部分组成；王充对荀子祭祀活动中的"文"也有详细的解读。笔者认为，王充通过对荀子之天的解读，看到即使君主不祭祀、不祷求，天仍然会"沛然自雨""旷然自旸"（《论衡·明雩》）这种思想非常进步；但是，王充不反对雩祭，并认为久旱不雨，君主举行雩祭，以表示"惠愍恻隐之恩""慰民之望"（《论衡·明雩》），又显得非常落后，有相当的时代局限性。

四

王充与老、庄天论

王充认为，天是由元气构成的物质实体，是"自然无为"的存在，人应该效法天的"自然无为"，"无心于为而物自化，无意于生而物自成"

(《论衡·自然》)。

（一）老子之天

在中国古代典籍中，天的含义有两个：自然之天和神灵之天。① 道家之天一般指自然之天，强调天的自然属性。《老子》中，"天"共出现29次，指的都是无意志无道德属性的自然之天。"天地不仁，以万物为刍狗"（《老子》第五章），指天地无所偏爱，对待万物如同对待刍狗一般，任凭万物自生自灭。梁启超认为，老子"斥天为不惠、不平、不彻、不骏其德、辟言不信、其命多辟"②。这里的"不惠""不平""不彻"，换言之，即天地对待万事万物是平等的，不会对谁特别好，也不会对谁特别坏，顺其本性自然发展。"天地相合，以降甘露，民莫之令而自均"（《老子》第三十二章），指天地间阴阳之气相合，便自然且均匀地降下甘露滋养万物。只要人类面对自然做到"无为"，尊重自然规律，就可以获得本该得到的。"天长地久。天地所以能长且久者，以其不自生，故能长生"（《老子》第七章），天地之所以能长且久地存在，是因为它们不是为自己而生，而是为天地万物而生的。正是因为天地不是"有为"的存在，才会"长生"。老子之天具有自然的含义而又遵循于"道"。王充吸收了老子之天的自然属性，并以此来抨击儒家的"天人感应"说。

（二）王充对老子之天的理解

王充将整个世界的物质存在分为两类，一类是有形的"体"，另一类是无形的"气"。③ "天地，含气之自然也"（《论衡·谈天》），"天，体，非气也"（《论衡·谈天》）。天是"体"还是"气"？关于这个问题，王充不仅没有给出明确的答案，而且做过如下两种截然不同的推测。

---

① 郭清香：《耶儒伦理比较研究——民国时期基督教与儒教伦理思想的冲突与融合》，中国社会科学出版社，2006，第60页。
② 梁启超：《先秦政治思想史》，中华书局，2015，第41页。
③ 李维武：《王充与中国文化》，贵州人民出版社，2000，第55页。

> 使天体乎，耳高不能闻人言。使天气乎，气若云烟，安能听人辞！（《论衡·变虚》）
>
> 使天体乎？宜与地同。使天气乎？气若云烟，云烟之属，安得口目。（《论衡·自然》）

通过以上论述可知，王充对天是"气"还是"体"并没有给出明确的答案。周桂钿认为："在天是体还是气的问题上，王充比较倾向于认为天是体，而又不完全否定天是气的说法。"① 《论衡》中也有王充肯定天是"体"而非"气"的论述，如：

> 天，体，非气也。（《论衡·谈天》）
>
> 夫天，体也，与地无异。（《论衡·变虚》）
>
> 夫天者，体也，与地同。（《论衡·祀义》）
>
> 天地有体，故能摇动。（《论衡·卜筮》）
>
> 天之与地，皆体也。地无下，则天无上矣。（《论衡·道虚》）
>
> 儒者曰："天，气也……"如实论之，天，体，非气也。（《论衡·谈天》）

天与地作为"体"，与万物是不同的，万物是禀"气"而成的。王充论天，说的是天的客观物质性。《论衡·命禄》："日朝出而暮入，非求之也，天道自然。"《论衡·变虚》："天道当然，人事不能却也。"天是客观存在的物质实体，按其自己的运行规律而运行，不以人的意志为转移。王

---

① 周桂钿：《王充哲学思想新探》，福建教育出版社，2015，第28页。

充还大胆地吸收当时天文学的科研成果，将之引入自己的哲学体系中，如"夫天，体也，与地无异"（《论衡·变虚》），这里的"天"便受到了当时天文学中盖天说的影响，具有自然属性和物质属性。

王充虽然没有直接引用道家"天道自然无为"的相关思想，道家"天道自然无为"思想却贯穿整部《论衡》，流淌在王充的字里行间。道家"天道自然无为"思想对王充哲学的影响和启发之大是显而易见的，但是王充依然秉着"疾虚妄"的治学原则，积极吸收自然科学知识并引入自己的哲学体系，用以彻底反对当时被人们人格化了的天。正如王充自己所说："道家论自然，不知引物事以验其言行，故自然之说未见信也。"（《论衡·自然》）所以，王充在《论衡》中打破了道家思想的这种局限，举了大量的事实验证自己的哲学思想。如在驳斥"天人感应"说，论证天是自然的客观存在的物质实体方面，王充说："何以知天无口目也？以地知之。地以土为体，土本无口目。天地，夫妇也，地体无口目，亦知天无口目也。使天体乎？宜与地同。使天气乎？气若云烟，云烟之属，安得口目！"（《论衡·自然》）天是"体"非"气"，因为天和地是同类，地没有"口目"，故天也没有"口目"。正因为天无"口目"，所以天是"自然无为"的。王充偏好用生活中人们可以看见的事物和听见的传闻论证自己思想的合理性，这也是王充哲学的魅力之一。

在王充视界中，天、地、人都是物质实体，所以是不能互相感应的。他认为："天之与地，皆体也"（《论衡·道虚》）；"天，体，非气也"（《论衡·谈天》）；"人，物也；物，亦物也"（《论衡·论死》）。所以，天、地、人与万物都是相同的存在，都是"自然无为"的，人不能感应天，天也不能谴告人。如《论衡·寒温》："夫天道自然，自然无为。二令参偶，遭适逢会，人事始作，天气已有，故曰道也。使应政事，是有为，非自然也。"万物的产生和变化都是阴阳二气相互作用的结果，是"自然无为"的现象。尽管王充没有使用"道"字，也没有替天、地、人找到一个类似于"道"的共通之处，但是，王充"天道自然无为"思想启蒙来源于道家是毋庸置疑的。

（三）天自然

天"自然""无为"，没有意识，所以，天无法感应人的行为。王充将人和天有效地分开，将有为的人的行为和无为的自然行为区别开来。王充对"天人感应"说的批判，同荀子"明于天人之分"思想在理论上是一脉相承的。天不能主宰人事，人也不能影响天道。人类生存的自然世界与人类社会是完全独立的两个世界，人类社会中发生的事情往往取决于人本身，与天无关。人只需要顺应自然，关注人事。这种天人相分的思想直接影响了王充。他认为，天无意识，是"自然无为"的存在，所以，天不能谴告君王、没有瑞应、不能赐福降灾。

1. 天不能谴告君王

《春秋繁露·顺命》："天者，万物之祖，万物非天不生。"万物受天主宰，人间的喜怒哀乐都由天决定。《春秋繁露·天辨在人》甚至认为："喜怒之祸，哀乐之义，不独在人，亦在于天，而春夏之阳，秋冬之阴，不独在天，亦在于人。"这就为天赋予喜怒哀乐，甚至是道德律令，得出"天人同类"的结论。所以，只要人的行为超出天规定的原则，人就会受到天的谴告。

《论衡·自然》："以天无口目也，案有为者，口目之类也。口欲食而目欲视，有嗜欲于内，发之于外，口目求之，得以为利，欲之为也。今无口目之欲，于物无所求索，夫何为乎！"由"天无口目"得出天无食欲和嗜欲，认为天无口目、无食欲和嗜欲就感觉不到外在事物的存在，所以，天是自然的天，不可能同人相感知。王充还认为："夫天道，自然也，无为。如谴告人，是有为，非自然也。"（《论衡·谴告》）万物遵循各自的因果轨迹运行，天不会随意妄加干涉。天谴告人的是非对错，就是随意妄加干涉，就脱离了自然运行的轨迹。所以，各种灾异现象都是自然之常态，是由"阴阳不和，灾变发起"（《论衡·感类》）导致的自然现象，可见，灾异现象是"气"本身运行的结果，并非天对人间的谴告。谴告说是一些熟通自然规律的人伪造出来的。

《论衡·自然》："或复于桓公，公曰：'以告仲父。'左右曰：'一则仲父，二则仲父，为君乃易乎？'桓公曰：'吾未得仲父，故难；已得仲父，何为不易！'夫桓公得仲父，任之以事，委之以政，不复与知。皇天以至优之德与王政而谴告之，则天德不若桓公，而霸君之操过上帝也。"齐桓公任管仲为相，"任之以事，委之以政，不复与知"，所以觉得"为君乃易"。天以至高的道德将政权授予君王，却又反过来谴告君王，天为何要这样做？是天的道德不及齐桓公还是齐桓公的品行超越了天？显然都不是，可见，天拥有至高的道德，所以天不会谴告君王。

《论衡·自然》："夫曹参为相，若不为相，汲黯为太守，若郡无人，然而汉朝无事，淮阳刑错者，参德优而黯威重也。计天之威德，孰与曹参、汲黯？而谓天与王政，随而谴告之，是谓天德不若曹参厚，而威不若汲黯重也。"曹参任丞相，好像没有丞相；汲黯任太守，好像没有太守。曹参、汲黯没有"谴告"百姓，而是实行无为而治，才会有汉初的大治、淮阳的太平。如果说天是有德的存在，那么天的品德定高于曹参、汲黯，曹参、汲黯都没有"谴告"百姓，天又怎么会"谴告"君王？

《论衡·自然》："易曰：'黄帝、尧、舜垂衣裳而天下治。'垂衣裳者，垂拱无为也。孔子曰：'大哉，尧之为君也！惟天为大，惟尧则之。'又曰：'巍巍乎！舜、禹之有天下也，而不与焉。'周公曰：'上帝引佚。'上帝，谓舜、禹也。舜、禹承安继治，任贤使能，恭己无为而天下治。舜、禹承尧之安，尧则天而行，不作功邀名，无为之化自成，故曰'荡荡乎民无能名焉'。年五十者击壤于涂，不能知尧之德，盖自然之化也。《易》曰：'大人与天地合其德。'黄帝、尧、舜，大人也，其德与天地合，故知无为也。"黄帝、尧、舜之所以可以使"天下治"，是因为尧"则"天、舜"有天下也，而不与"。黄帝、尧、舜治理国家也没有"谴告"百姓，只是遵循天道自然无为的原则行事，不有意创立功业，不存心追求名誉，自然而然获得成功。

综上所述，没有"人君为政失道，天用灾异谴告之"（《论衡·谴告》）一说。之所以有"谴告"之说，是因为"变复之家[①]，见诬言天，

[①] 据《论衡·寒温》，"变复之家"指把自然灾害或不正常现象说成天降灾祸，而又认为只要君主奉行先王之道，或进行祭祀祈祷，灾祸就会消除并恢复原状的人。

灾异时至，则生谴告之言矣"（《论衡·谴告》）。王充认为"称天之谴告，誉天之聪察也，反以聪察伤损于天德"（《论衡·谴告》），"变复之家"的谴告说本是要赞美"天之聪察"，结果反而因为"聪察"损伤了天的本性。归根结底，"变复之家"依靠其所掌握的关于自然规律的知识规劝帝王改变政治，出发点是好的，但是这种做法伤害了自然之道。

2. 天无瑞应

> 或曰："太平之应，河出图，洛出书。不画不就，不为不成，天地出之，有为之验也。张良游泗水之上，遇黄石公授太公书，盖天佐汉诛秦，故命令神石为鬼书授人，复为有为之效也。"曰：此皆自然也。夫天安得以笔墨而为图书乎？天道自然，故图书自成。晋唐叔虞、鲁成季友生，文在其手，故叔曰"虞"，季曰"友"。宋仲子生，有文在其手，曰"为鲁夫人"。三者在母之时，文字成矣，而谓天为文字，在母之时，天使神持锥笔墨刻其身乎？自然之化，固疑难知，外若有为，内实自然。是以太史公记黄石事，疑而不能实也。赵简子梦上天，见一男子在帝之侧。后出，见人当道，则前所梦见在帝侧者也。论之以为赵国且昌之状也。黄石授书，亦汉且兴之象也。妖气为鬼，鬼象人形，自然之道，非或为之也。（《论衡·自然》）

"河出图，洛出书"两句话始见于《周易·系辞上》，相传伏羲时黄河中有龙马负图而出，大禹治水时有神龟负文于背在洛水中出现，据说只有圣王出世或天下太平时才有此吉兆。孔子也曾叹曰："凤鸟不至，河不出图，吾已矣夫！"（《论语·子罕》）王充则认为"河出图，洛出书""张良游泗水之上，遇黄石公授太公书"这些看似天有意识的活动，其实只是自然而然的事情。"河出图，洛出书"同晋唐叔虞、鲁成季友、宋仲子出生时手上有文字一样，这些文字本来就有，并非天所写。张良"遇黄石公授太公书"同赵简子"梦上天，见一男子在帝之侧"一样，不同的是前者是兴盛的征兆而后者是妖象。这些现象虽然难以弄清，无法证实，但肯定不是天所为。"妖气为鬼，鬼象人形"是自然之道，不是人有意识的创造。王充还认为，无论国家是将要兴盛还是将要衰亡，都会有吉兆或凶兆出现，只是，吉兆和凶兆不是天有意识为之，而是由"气"自然形成的。天不能有为，因此天无法瑞应，王充以此反证天的"自然无为"。

3. 天不能赐福降灾

> 世论行善者福至，为恶者祸来。福祸之应，皆天也，人为之，天应之。阳恩，人君赏其行；阴惠，天地报其德。（《论衡·福虚》）
>
> 世谓受福祐者，既以为行善所致；又谓被祸害者，为恶所得。以为有沉恶伏过，天地罚之，鬼神报之。天地所罚，小大犹发；鬼神所报，远近犹至。（《论衡·祸虚》）

世人认为做好事会有福至，干坏事会有祸来。福与祸，都由天定，人做出来，由天报应。公开做了好事，君主会"赏其行"；暗中做了好事，天地会"报其德"。世人认为受到天赐福保佑之人，完全是做好事而招致的，还认为遭受祸害是作恶而得来的。关于社会广为流传的行善得福、行恶遭祸的说法，王充进行了强有力的反击。王充认为子夏的眼睛之所以瞎了，是因为其子之死令他过度伤心，"哭泣无数，数哭中风，目失明矣"（《论衡·祸虚》），并非"天罚"。社会上还有谋财害命、鱼肉百姓的恶人，不但没有受天的责罚，反而"皆得阳达，富厚安乐"（《论衡·祸虚》）。所以，"天罚有过"只是"虚而无验"的无稽之谈。楚惠王吞食蚂蟥，因"有仁德"而得"天佑"，不仅"病不为伤"，反而治好了原来的"心腹之积"。王充则认为楚惠王不仅没有"仁德"，还是"不肖之主"。如依行善得福、行恶遭祸的说法，应当是好人长命、坏人短寿，可实际情况是"恶人之命不短，善人之年不长"（《论衡·福虚》）。天是无目的、无意识、自然而然的存在，所以"福祸之应，皆天也"也是虚妄之言。

王充对社会上流传的"行善者福至，为恶者祸来"（《论衡·福虚》）、

"福祸之应，皆天也，人为之，天应之"（《论衡·福虚》）进行了驳斥。社会上、书本里之所以会有"行善者福至，为恶者祸来"这样的说法，有如下几个原因："贤圣欲劝人为善"而有意记载；将偶然发生的事件误当作"天赐祸福"；别有用心的臣子为了讨好君主而有意杜撰。不仅如此，王充对天能赏善罚恶还进行了进一步的批判，认为依循"行善者福至，为恶者祸来"的说法，就不会存在"恶人之命不短，善人之年不长"的现象，是为从反面对天不能赏善惩恶进行的论证。

4. 天道无为

王充天道思想还受到道家天道观的影响。道家天道观以《老子》《庄子》"天道自然无为"为主，强调人们在思想、行为上应效法"道"的"生而不有，为而不恃，长而不宰"（《老子》第十章）。"道"是老子哲学中的最高范畴，"道生一，一生二，二生三，三生万物"（《老子》第四十二章），"道"作为宇宙本源，产生了万物，天地万物的运行都由"道"决定；"道可道，非常道；名可名，非常名"（《老子》第一章），"道"是不可捉摸的、神秘的存在。所以，"道"是天地万物的本原，是无处不在、亘古不变的抽象存在，是构成天地万物的原始材料，也是天地万物运行的规律。"道"在《老子》中共出现70余次，而以"天之道""天道"出现的频率最高，地位也极高。从本质上看，"天之道""天道"指的就是老子的天道思想，它们在《老子》中共出现如下几次。

> 持而盈之，不如其已。……富贵而骄，自遗其咎。功遂身退，天之道。（《老子》第九章）
>
> 不出户，知天下；不窥牖，见天道。其出弥远，其知弥少。是以圣人不行而知，不见而名，不为而成。（《老子》第四十七章）
>
> 天之道，不争而善胜，不言而善应，不召而自来，繟然而善谋。（《老子》第七十三章）

> 天之道，其犹张弓欤！高者抑之，下者举之；有余者损之，不足者补之。天之道，损有余而补不足。(《老子》第七十七章)
>
> 天道无亲，常与善人。(《老子》第七十九章)
>
> 天之道，利而不害；圣人之道，为而不争。(《老子》第八十一章)

由以上材料可知，"天之道""天道"是一种自然规律，是没有意识、自然而然的存在，是自然界最初的自然法则。老子的"天道"观蕴含了自然主义的意向，以"自然"为其核心思想，通过"无为"的方式展现。

王充主张"天道自然无为"，对老子关于"天道自然无为"的思想进行了吸收，《论衡》中有多处对此思想进行直接表达的地方，作者也多次表明自己的天道思想来源于道家的自然之说。如：

> 自然无为，天之道也。(《论衡·初禀》)
>
> 夫天道自然，自然无为。二令参偶，遭适逢会，人事始作，天气已有，故曰道也。使应政事，是有为，非自然也。(《论衡·寒温》)
>
> 夫天道，自然也，无为。如谴告人，是有为，非自然也。黄老之家，论说天道，得其实矣。(《论衡·谴告》)
>
> 不合自然，故其义疑，未可从也。试依道家论之。(《论衡·自然》)
>
> 说合于人事，不入于道意。从道不随事，虽违儒家之说，合黄老之义也。(《论衡·自然》)

王充对道家"天道自然无为"思想进行了选择性的吸收，选择了道家宇宙的无限性、产生万物的无意识性和无目的性，扬弃了道家天道思想的玄虚性，形成了具有自己特色的"自然无为"的天道思想。在王充哲学中，无论是"天道自然"还是"自然之道"，指的都是天的运行具有不以人的意志为转移的规则。老子天道思想以"道"为基础，王充虽然对老子天道思想有所吸收，却唯独扬弃了老子思想的最高范畴——"道"。《论衡》中的"道"，大体可以分为两类，一类作动词解，另一类作名词解。无论是作动词还是作名词，都与老子之"道"不同，即使在论述"天道""天之道"这类概念时，都没有涉及形而上之意，可见，对于这个问题，王充是有意回避的。

5. 天生万物

老子的"道"和"天"都没有人格属性和道德属性，却可生万物，尽管这种生万物是"自然无为"的。"道之尊，德之贵，夫莫之命而常自然。故道生之，德畜之，长之育之，亭之毒之，养之覆之。生而不有，为而不恃，长而不宰。是谓玄德。"（《老子》第五十一章）"道"以"无为"的方式生养了万物，"道"产生万物，"德"养育万物，但"道"和"德"并不干涉万物的生长，而是顺其自然。王充对《老子》中"希言自然"（《老子》第二十三章）的自然规律十分赞同，认为真正的"道"是按照自然运行而没有多"言"的，但是，对于恍恍惚惚、玄之又玄的形而上之"道"，王充又是排斥的。可见，虽然王充自称"合黄老之义"，但是这个"合"并非符合之意，只是包含而已。

王充对老子哲学思想也有吸收。如老子在阐述万物产生过程时说："天地之间，其犹橐籥乎？虚而不屈，动而愈出。"（《老子》第五章）将天地之间的空间喻为一个大风箱，看起来是空虚的，实际上却越鼓动风越多，无穷无尽且永不枯竭，生生不息。老子大胆地扬弃了前人和同时代人关于人格化的天的论述，第一次提出天是不带道德情感的天，是一种有自己客观运行规律的自然之天。王充继承了老子的这种自然之天的思想，在解释万物的产生时说："天覆于上，地偃于下，下气蒸上，上气降下，万物自生其中间矣。"（《论衡·自然》）"天之动行也，施气也，体动气乃出，物乃生矣。"(《论衡·自然》)"天地合气，万物自生，犹夫妇合气，子自生矣。"(《论衡·自然》)天地之间阴阳二气相结合，万物就自然在其中产生了，并非天有意而为之。《论衡·物势》："儒者论曰：'天地故生人。'此言妄也。夫天地合气，人偶自生也，犹夫妇合气，子则自生也。夫妇合气，非当时欲得生子，情欲动而合，合而生子矣。且夫妇不故生子，以知天地不故生人也。"汉时人们认为，"天"被视为世间万物的创世主，人也是被天创造出来的，人的死亡、人所遭受的一切都由天决定。王充对此是否定的，认为人并不是由天有意识地创造出来的，"天地合气，人偶自生"，气是构成万物的基础，人的生与死都由气决定。王充又由夫妻尚且不是有意识地生孩子，而是"情欲动而合，合而生子矣"，进而推导出"天地不故生人"。

综上所述，王充这种天地运行施放的阴阳二气相结合，万物就自然而然产生的思想，是对老子天生万物思想的吸收和改造。王充天道思想与老子天道思想最大的不同之处是，王充以其"天道自然无为"思想来反对当时的"天人感应"理论，所以王充重点强调的是"无为"，以"无为"来对抗"有为"；老子天道思想重点强调的则是"自然"，如《老子》第七章："天长地久。天地所以能长且久者，以其不自生，故能长生。"天和地是客观存在的物质实体，之所以能够长久存在，是因为它们不是为了自己的生存而自然地运行，而是依"道"的规律运行，所以，可以长生。

第二章
CHAPTER 2 《天命论》

—— 王充儒道思想评介 ——

中国古代哲学把天视为神，认为天能决定人的命运，故而出现"天命"之说。"天命"一词由来已久。《尚书·商书·盘庚上》："先王有服，恪谨天命。"先王行事恭敬，且谨慎地遵从天命。《诗经·周颂·维天之命》："维天之命，於穆不已。於乎不显，文王之德之纯！假以溢我，我其收之。骏惠我文王，曾孙笃之。""天之命"即"天命"，专指"天道"。①"天之命"思想中的"天"，是人格神意义上的"天"，也是宗教意义上的"天"。天命观是先秦儒家哲学的重要内容之一，孔子、孟子、荀子对天命问题都有详细的论说。儒家天命观是王充天命思想的理论来源。孔子是儒家天命思想的奠基人，孟子继承并发展了孔子的天命思想，而荀子的天命思想与孔、孟都不同，另成体系。王充对孔、孟、荀三人的天命思想均有所吸收。

《论衡·偶会》："孔子称命，不怨公伯寮，孟子言天，不尤臧仓，诚知时命当自然也。"孔子"不怨"公伯寮，孟子"不尤"臧仓，因为他们知道"时"与"命"本该如此。此处孔子的"命"与孟子的"天"相同，都是自然的状态，并非天的意志。王充不言"天命"，只在人的意义上说"命"。王充论"命"的理论前提依然是"天道自然无为"，继续贯彻其对儒家"天人感应"说的批判。他认为："凡人遇偶及遭累害，皆由命也。"（《论衡·命禄》）命分为两类：一类是决定死生寿夭的寿命，一类是决定贵贱贫富的禄命。他认为，人的贫富贵贱归根结底由"命"与"禄"决定，人力无法改变。"命当贫贱，虽富贵之，犹涉祸患矣。命当富贵，虽

---

① 朱熹认为"天命，即天道也"。参见朱熹《四书章句集注》，中华书局，2012，第54页。

贫贱之，犹逢福善矣。故命贵，从贱地自达；命贱，从富位自危。故夫富贵若有神助，贫贱若有鬼祸。"（《论衡·命禄》）这两类命皆具有必然性，是对孔子"死生有命，富贵在天"、孟子"天也"的继承与发展。"孔子圣人，孟子贤者，诲人安道，不失是非，称言命者，有命审也。"（《论衡·命禄》）可见，王充将孔、孟并称为圣贤，并肯定了孔、孟对"命"的诠释。"孔子称命，孟子言天，吉凶安危，不在于人。昔人见之，故归之于命。委之于时，浩然恬忽，无所怨尤。福至不谓己所得，祸到不谓己所为。故时进意不为丰，时退志不为亏。……动归于天，故不自明。"以上是《论衡·自纪》中的一段话，可以视为王充的自传，以孔、孟的天命思想形容自身的境遇，可见王充对孔孟天命思想的赞同。在王充看来，"孔子称命，孟子言天，吉凶安危，不在于人"，古人可以明白这些道理，将很多事情归于天命和时运，所以胸怀宽广，内心宁静，无所埋怨。"福至"不认为是靠自己得来的，"祸到"也不认为是自己招来的，所以不会因为偶尔升了官而得意，也不会因为偶尔降了职而丧气。把一切都归结于天，所以"不自明"。《荀子·正名》有"节遇谓之命"。"节遇"即时遇，指偶然受到外在环境的影响，也指偶然性。王充在《论衡·气寿》中将人之命分为二品："一曰所当触值之命，二曰强弱寿夭之命。"这里"所当触值之命"明显是对荀子"节遇谓之命"的继承与发展。

综上所述，王充关于"命"的思想主要来源于孔子、孟子、荀子。《论衡·气寿》："凡人禀命有二品：一曰所当触值之命，二曰强弱寿夭之命。所当触值，谓兵、烧、压、溺也。强弱寿夭，谓禀气渥薄也。""所当触值之命"即"遭命"，具有偶然性，是对荀子"节遇谓之命"的继承与发展；"强弱寿夭之命"是"正命"，是禀气而成的先天之命，在母体中就已具备，具有必然性，也是继承孔、孟而来。这两种命虽有不同，却可以相互影响。"命"作为必然性的存在，注定了人的贫贱富贵。王充虽强调命的必然性，但也不否认偶然性的作用，认为"命当贫贱"之人也有富贵的可能，"命当富贵"之人亦有祸患的可能，这是偶然性对必然性产生的影响。关于"命"，王充最大的贡献是同时看到了"命"的必然性与偶然性。

天命的观念起源较早。"古人对自然和自己的命运无能为力，因而归之于上帝的旨意和命令，统治者则以天命为自己统治之根据。"① 而命最初即指天命。《诗经·周颂》有《昊天有成命》，即指命定，含有必然性的意思。《论语·尧曰》有"不知命，无以为君子也"，指人力无可奈何，因为"命"无法预知和不可改变，所以对待命的态度应该是重视或尊重。李泽厚认为："要努力从种种偶然中去'建立'起必然，这就是'立命'，即主宰命运。因为整个人生均偶然，如不由自己作主去立志、立命，一切归于'天意'、'运气'，无所作为，完全失去主体性，就毫无出息了。"② 由此可见，古代的天命思想并不是完全相同的，有的学说强调天命具有必然性，有的学说强调天命具有偶然性。王充天命思想对儒家天命思想中的偶然性和必然性都有继承与发展。邓红认为："王充想说的，影响世界万物的运行规律，那个纽带或中介物，不是别的，就是他的'命'论中的'自然之道''适偶之数'。"③ 由"自然之道，适偶之数"一句可见，王充认为自然界和人类社会的一切现象，都不是任何事物有意识而为之，而是事物在其自身发展过程中偶然巧合形成的。这里的"自然之道"指必然性，"适偶之数"指偶然性。冯契先生认为："在中国哲学史上，王充是第一个把必然与偶然对立起来并进行详细考察的哲学家。"④

一

王充与孔子天命论

《论语》记载，孔子很少说天也很少说命，如"子贡曰：'夫子之文章，可得而闻也；夫子之言性与天道，不可得而闻也'"（《论语·公冶

---

① 张岱年主编《中国哲学大辞典》，上海辞书出版社，2014，第66页。
② 李泽厚：《论语今读》，中华书局，2015，第280页。
③ 邓红：《王充新八论》，中国社会科学出版社，2003，第86页。
④ 冯契：《中国古代哲学的逻辑发展》，东方出版中心，2009，第325页。

长》);"子罕言利与命与仁"(《论语·子罕》)。"天命"一词在《论语》中共出现三次:一是"五十而知天命"(《论语·为政》),二是"畏天命"(《论语·季氏》),三是"小人不知天命而不畏也"(《论语·季氏》)。前一个"天命"是作为孔子对自己一生经历的总结而出现的,可以视为一种道德境界;后两个"天命"是作为区分君子和小人的标志而出现的,也具有道德含义。说到底,孔子说天论命,"天"与"命"都具有道德属性。

《论语·宪问》:"道之将行也与,命也;道之将废也与,命也。公伯寮其如命何!"孔子认为"道"的"行"与"废"皆由"命"决定。这里的"命"与人生际遇和时运有关,个人的力量无法使之改变。李泽厚认为,孔子所采取的是"无为"的态度,"反对用暴力去清除反对自己的人"①。笔者以为这也正是孔子"不怨天,不尤人"态度的具体体现。

> 司马牛忧曰:"人皆有兄弟,我独亡。"
> 子夏曰:"商闻之矣:死生有命,富贵在天。君子敬而无失,与人恭而有礼。四海之内,皆兄弟也。君子何患乎无兄弟也?"(《论语·颜渊》)

子夏以"死生有命,富贵在天"开导司马牛。这里的命指的是偶然性的命,因为难以掌握,所以归于天所为。李泽厚认为:"由于难以知晓,不能掌握,而归之于上天所赐、所定,即所谓'天'和'天命'。这样,'命'和'天命'就由难以知晓、不可掌握的偶然性变而为主宰、控制甚至统治自己的必然性、规律性等等了。"②朱熹也认为这里的"命"是人力不能移的必然性的"命":"命禀于有生之初,非今所能移;天莫之为而为,非我所能必,但当顺受而已。"③

《论语·雍也》载,伯牛有疾,子问之,自牖执其手,曰:"亡之,命

---

① 李泽厚:《论语今读》,中华书局,2015,第280页。
② 李泽厚:《论语今读》,中华书局,2015,第223页。
③ 朱熹:《四书章句集注》,中华书局,2012,第135页。

矣夫！斯人也而有斯疾也！斯人也而有斯疾也！"伯牛生病，孔子去探望，从窗户里握着伯牛的手，并感叹伯牛这样的好人不该生这样的病。① 《论语》中没有交代伯牛到底得了什么病，可能是没有记载，也可能是受医疗条件所限查不出病因而无法记载，总之，伯牛的病无法治疗，孔子很无奈，只好将之归于"命"。可见，这里强调的也是偶然性。孔子也无法解释这种不可预计和不可抵抗的偶然性，所以感叹"命矣夫"。《论语》中的"天"与"命"有时看似相似，其实有很大的区别。孔子的"主宰之天"虽然强调事情发生的不可避免以及人力的不可改变，但这种不可避免、不可改变是必然的存在，孔子的"命"强调的是人的无法预计，更多的是无可奈何，是偶然性。《论语·尧曰》载，孔子曰："不知命，无以为君子也；不知礼，无以立也；不知言，无以知人也。""不知命，无以为君子也"，指不懂"命"就没法做君子，要求君子正确认识这种无法预知及不可改变的偶然性。

有偶然性就有必然性，但是古人不知道何谓偶然性，何谓必然性，更不知道偶然性与必然性之间的关系，所以时常会觉得上天似乎有意志，又好像没有意志。孔子将"主宰之天"视为具有必然性的存在，将"命"视为具有偶然性的存在，是合理的。杨伯峻认为："孔子于'六合之外，存而不论'，他对宇宙现象既无知，也不谈，所以他讲'命'，都是关于人事。依一般人看，在社会上，应该有个'理'。无论各家各派的'理'怎样，各家各派自然认为他们的'理'是正确的，善的，美的。而且他们还认为依他们的'理'而行，必然会有'善良'的结果；违背他们的'理'而行，必然会有'凶恶'的结果。"② 孔子虽然讲"天命"，但不是宿命论者，孔子讲"命"，都是关于人事。③ 如《论语·为政》："吾十有五而志于学，三十而立，四十而不惑，五十而知天命，六十而耳顺，七十而从心所欲，不逾矩。"孔子十五岁立志学习，三十岁立足于世，四十岁遇到事不再感到困惑，五十岁知道什么是天命，六十岁能够听得进各种不同的意

---

① 伯牛是一个好人，却得了不治之症，孔子认为这种事情本不该发生在伯牛身上。
② 杨伯峻：《试论孔子》，《东岳论丛》1980年第2期。
③ 杨伯峻：《试论孔子》，《东岳论丛》1980年第2期。

见，七十岁可以随心所欲却又不超出规矩。这是孔子对其一生经历的概括与总结。钱穆先生认为"知天命"是"立"与"不惑"的更进一层，是孔子进学的第三阶段，"天命指人生一切当然之道义与职责。道义职责似不难知，然有守道尽职而仍穷困不可通者。何以当然者而竟不可通，何以不可通而仍属当然，其义难知。遇此境界，乃需知天命之学"①。《论语·季氏》："君子有三畏：畏天命，畏大人，畏圣人之言。小人不知天命而不畏也，狎大人，侮圣人之言。"孔子认为君子敬畏的有三件事：敬畏天命，敬畏王公大人，敬畏圣人的言论。小人不懂得天命，因而不会畏惧，轻视王公大人，轻侮圣人的言论。"'畏天命'的前提是'知天命'，没有认知层面的'知天命'，就没有道德意义上的敬畏天命。"② 钱穆先生认为："天命在人事之外，非人事所能支配，而又不可知，故当心存敬畏。"③ "天命不可知，而可知其有。小人不知有天命，乃若可惟我所欲矣。"④ 无论是"知天命"还是"畏天命"，都是"谨慎敬畏地承担起一切外在的偶然，'不怨天不尤人'，在经历各种艰难险阻的生活行程中，建立起自己不失其主宰的必然，亦即认同一己的有限，却以此有限来抗阻，来承担，来建立，这也就是'立命'、'正命'和'知天命'。'五十而知天命'着意在这种承担和建立的完成，即一己对'命运'的彻底把握"⑤。

依前文所述可知，"知天命"是孔子五十岁时才达到的道德境界，由"小人不知天命而不畏也"一句可知，是否"畏天命"是区分君子和小人的标准，显然孔子的三个"天命"都具有明确的道德属性。《论语》中人的道德一般是同"天命"连在一起的，如"天生德于予，桓魋其如予何"（《论语·述而》），"文王既没，文不在兹乎？天之将丧斯文也，后死者不得与于斯文也；天之未丧斯文也，匡人其如予何"（《论语·子罕》），都将

---

① 钱穆：《论语新解》，生活·读书·新知三联书店，2002，第25页。
② 陆建华：《君子之"三畏"》，《中国社会科学报》2016年11月29日。
③ 钱穆：《论语新解》，生活·读书·新知三联书店，2002，第392页。
④ 钱穆：《论语新解》，生活·读书·新知三联书店，2002，第392页。
⑤ 李泽厚：《论语今读》，中华书局，2015，第26~27页。

"德"与"天"联系在一起。"天命被孔子视为超人间的主宰者,所以,他说:'获罪于天,无所祷也。'如此,天命之于人生的威严远远高出大人、圣人之言,这是君子之'三畏'中'畏天命'为第一'畏'的原因。"①

王充继承了儒家研究"命"的成果,进而形成了自己关于"命"的思想,如《论衡·命义》:"墨家之论,以为人死无命;儒家之议,以为人死有命。"王充认为"死生有命,富贵在天",认为命是"吉凶之主也。自然之道,适偶之数,非有他气旁物厌胜感动使之然也"(《论衡·偶会》),还认为"命"是难以预知的,"人曰命难知"(《论衡·骨相》)。王充虽然在《论衡·骨相》中论述了一些知命的方法,但是过程复杂,论证结果也不可确定,从反面论证了"命难知"。笔者认为,王充论天命,从天命思想的偶然性开始,论证了天命难以知晓,无法掌握,最终又落入天命思想的必然性。

二

王充与孟子天命论

在《论衡·刺孟》中,王充认为孟子"五百年必有王者兴""天故生圣人"的说法是"浮淫之语"。对于自称"如欲平治天下,当今之世,舍我而谁"的孟子,王充认为其称不上"贤人",只是"俗儒"。这与《论衡·命禄》中将孔孟并称圣贤的态度完全相反。《论衡·命禄》:"孔子曰:'死生有命,富贵在天。'鲁平公欲见孟子,嬖人臧仓毁孟子而止。孟子曰:'天也!'孔子圣人,孟子贤者,诲人安道,不失是非,称言命者,有命审也。"孔子认为"死生有命,富贵在天"。鲁平公想见孟子,但由于听信宠臣臧仓诽谤孟子的话而没有见孟子。对此,孟子则认为是天命使然。孔子是圣人,孟子是贤人,教导人们要"安道",不能违背是非标准,连孔、孟都声称有

---

① 陆建华:《君子之"三畏"》,《中国社会科学报》2016年11月29日。

命，可见命的存在是事实。《论衡·偶会》也举了相似的例子："公伯寮诉子路于季孙，孔子称命。鲁人臧仓谗孟子于平公，孟子言天。道未当行，与谗相遇；天未与己，恶人用口。故孔子称命，不怨公伯寮，孟子言天，不尤臧仓，诚知时命当自然也。"由此可见，关于孟子对"命"的诠释，王充并未全盘吸收，只是吸收了其合理成分，继承了孟子"天命"思想和"时命"思想，而对孟子所谓"天故生圣人""人无触值之命""天命于操行也"等进行了责难。

> 夫孟子言"五百年有王者兴"，何以见乎？帝喾王者，而尧又王天下；尧传于舜，舜又王天下；舜传于禹，禹又王天下。四圣之王天下也，继踵而兴。禹至汤且千岁，汤至周亦然。始于文王，而卒传于武王。武王崩，成王、周公共治天下。由周至孟子之时，又七百岁而无王者。"五百岁必有王者"之验，在何世乎？云"五百岁必有王者"，谁所言乎？论不实事考验，信浮淫之语，不遇去齐，有不豫之色，非孟子之贤效，与俗儒无殊之验也。五百年者，以为天出圣期也。又言以"天未欲平治天下"也，其意以为天欲平治天下，当以五百年之间生圣王也。如孟子之言，是谓天故生圣人也。然则五百岁者，天生圣人之期乎？如是其期，天何不生圣？圣王非其期故不生，孟子犹信之，孟子不知天也。（《论衡·刺孟》）

在王充看来，孟子所谓"五百年有王者兴"是失实的。帝喾、尧、舜、禹四位圣王是接连出现的，远不足孟子说的五百年；夏禹到商汤将近一千年，商汤到周也是如此，远超过孟子说的五百年；从周初到孟子有七百年却依然没有圣王出现。所以，"五百年有王者兴"是从未有过的事情。王充因此批判孟子："论不实事考验，信浮淫之语，不遇去齐，有不豫之色，非孟子之贤效，与俗儒无殊之验也。"王充还认为，孟子一方面说五百年是"天故生圣人"的期限，另一方面又说"天未欲平治天下"，可见，依孟子所言，"天"如果真的想使天下得治，便会有意识地在五百年内降生圣王。真实的情况却是，"五百年有王者兴"的五百年是失实的，所以"天故生圣人"是虚妄之言，王充认为"孟子不知天"。总之，王充认为孟子的"天故生圣人"是虚妄之言有一定的依据，但认为"孟子不知天"则是对孟子的误解。

> 孟子去齐，充虞路问曰：夫子若不豫色然。前日虞闻诸夫子曰："君子不怨天，不尤人。"曰："彼一时，此一时也。五百年必有王者兴，其间必有名世者。由周而来，七百有余岁矣。以其数，则过矣；以其时考之，则可矣。夫天未欲平治天下也；如欲平治天下，当今之世，舍我其谁也？吾何为不豫哉？"（《孟子·公孙丑下》）

孟子思想与孔子思想一脉相承。在天命思想方面，孟子同孔子区别不大。孟子离开齐国时，学生看到孟子不愉快，以"君子不怨天，不尤人"来安慰孟子。孟子解释自己不开心是由于"彼一时，此一时也"以及"五百年必有王者兴，其间必有名世者"，而从周以来，有七百多年，却还没有"王者兴"，没有"王者"，孟子就无法成为"名世者"，满腔的抱负就无法实现。孟子将这种人力不可抗拒的无奈归于"天"，认为之所以没有"王者兴"，是因为"天未欲平治天下"。虽然无奈，却依然自信地认为天"欲平治天下"，"当今之世，舍我其谁也"，有孔子"天生德于予，桓魋其如予何"（《论语·述而》）的气魄。

孟子把"天命"看作行不言之教以"生"为法则的外在力量，认为其具有人力不可改变的客观必然性。《孟子·万章上》："莫之为而为者，天也；莫之致而至者，命也。"《孟子·离娄上》："天下有道，小德役大德，小贤役大贤；天下无道，小役大，弱役强。斯二者，天也。顺天者存，逆天者亡。"孟子认为，"莫之为而为者"是天意，"莫之致而至者"是命运。天下有道，"小德"者受"大德"者役使，"小贤"者受"大贤"者役使；天下无道，"小"役使"大"，"弱"役使"强"。以上两种情况，都是天道的体现。孟子因此得出"顺天者存，逆天者亡"的结论。《孟子·梁惠王下》："以大事小者，乐天者也；以小事大者，畏天者也。乐天者保天下，畏天者保其国。"孟子认为，"以大事小者"是"乐天者"，"以小事大者"是"畏天者"。综上所述，孟子所指的，本质上是一种人力不可改变的客观必然性，孟子将之称为"天"和"命"。

《论衡·偶会》："孔子称命，不怨公伯寮，孟子言天，不尤臧仓，诚知时命当自然也。"王充认为孔子之所以"不怨"公伯寮，孟子之所以"不尤"臧仓，是因为他们知道"时"与"命"本该如此。可见，在王充视界中，孔子的"命"与孟子的"天"意思是相同的，王充还认为"时命"是一种自然状态，而非天的意志。笔者认为，王充之所以在《论衡·刺孟》中说"孟子不知天"，是因为王充看到了孟子从天命的必然性出发展开论述，最终却又落入偶然性的桎梏。

孟子也强调"时"的作用。《孟子·公孙丑上》："虽有智慧，不如乘势；虽有镃基，不如待时。"有智慧，不如有好时机；有种田的锄头，不如等到合适的农时去种田。孟子此言强调的是时机的重要性。"孔子曰：'德之流行，速于置邮而传命。'当今之时，万乘之国行仁政，民之悦之，犹解倒悬也。故事半古之人，功必倍之，惟此时为然。"（《孟子·公孙丑上》）孟子引孔子"德之流行，速于置邮而传命"，告诉公孙丑，以齐为"万乘之国"的国情，若乘势顺时推行仁政，必能"事半古之人，功必倍之"，这是"时"。"莫之为而为者，天也；莫之致而至者，命也。匹夫而有天下者，德必若舜禹，而又有天子荐之者，故仲尼不有天下。继世以有天下，天之所废，必若桀纣者也，故益、伊尹、周公不有天下。"（《孟子·万章上》）孔子、益、伊尹、周公都应当"有天下"却未得天下，是因为他们没有机遇，而能否得到机遇要看"命"。可以说孟子"时"的思想是对其天命思想的进一步阐释，主要指社会发展的客观时机和趋势。笔者认为，孟子天命思想与孔子天命思想的不同体现在，孔子从天命思想的偶然性出发，后将天命归于必然性；孟子则从天命思想的必然性出发，最终却落入偶然性的桎梏。

王充对孟子关于"时"的思想也有继承与发展。他不仅看到了"命"的偶然性，而且进一步论述了这种偶然性。王充将"时"的概念置于

"命"的范畴之中来解释,提出"时命"思想,并认为"时命"中包含"遭""遇""幸""偶"四种因素。

> 人有命,有禄,有遭遇,有幸偶。命者,贫富贵贱也;禄者,盛衰兴废也。以命当富贵,遭当盛之禄,常安不危;以命当贫贱,遇当衰之禄,则祸殃乃至,常苦不乐。遭者,遭逢非常之变。若成汤囚夏台,文王厄牖里矣。以圣明之德,而有囚厄之变,可谓遭矣。变虽甚大,命善禄盛,变不为害,故称遭逢之祸。晏子所遭,可谓大矣,直兵指胸,白刃加颈,蹈死亡之地,当剑戟之锋,执死得生还。命善禄盛,遭逢之祸,不能害也。历阳之都,长平之坑,其中必有命善禄盛之人,一宿同填而死,遭逢之祸大,命善禄盛不能却也。譬犹水火相更也,水盛胜火,火盛胜水。遇者,遇其主而用也。虽有善命盛禄,不遇知己之主,不得效验。幸者,谓所遭触得善恶也。获罪得脱,幸也;无罪见拘,不幸也。执拘未久,蒙令得出,命善禄盛,天灾之祸不能伤也。偶者,谓事君也。以道事君,君善其言,遂用其身,偶也;行与主乖,退而远,不偶也。退远未久,上官录召,命善禄盛,不偶之害不能留也。故夫遭、遇、幸、偶,或与命禄并,或与命禄离。遭遇幸偶,遂以成完,是与命禄并者也。遭遇不幸偶,遂以败伤,中不遂成,善转为恶,是与命禄离者也。(《论衡·命义》)

大意是说,"命"决定人的贫富贵贱,"禄"决定人的盛衰兴废。"遭"是碰到意料不到的灾祸。若灾祸过大,即使命善禄盛之人也不能避免。"遇"是受到君主的重用。即使命善禄盛之人,不遇上知己的君主也得不到重用。"幸"与"不幸"是指碰巧得到或好或坏的结果。虽有罪仍能脱身,是"幸";无罪被拘禁,是"不幸"。如果遇到"不幸",命禄旺盛之人或许能躲避伤害。"偶"是指侍奉君主可以得到重用。用正道侍奉君主,君主喜欢而重用,是"偶";与君主的喜好不合而被斥被贬,是"不偶"。遇到"不偶",命禄旺盛之人或许能躲避祸患。可见,"遭""遇""幸""偶"

指遇到良机或险情，是人无法预知、不可改变的偶然性。从本质上看，"遭""遇""幸""偶"就是"时"。其有时与命禄相一致，有时与命禄相背离。

王充认为，之所以会有"遭""遇""幸""偶"，是因为"命"。《论衡·命禄》："凡人遇偶及遭累害，皆由命也。"《论衡·偶会》："命，吉凶之主也。自然之道，适偶之数，非有他气旁物厌胜感动使之然也。"可见，在王充看来，"吉""凶"由偶然禀气所形成的"命"支配，还包含"自然之道"与"适偶之数"。邓红认为："王充想说的，影响世界万物的运行规律，那个纽带或中介物，不是别的，就是他的'命'论中的'自然之道''适偶之数'。"① 由"自然之道，适偶之数"一句，可见王充认为自然界和人类社会的一切现象，都不是任何事物有意为之，而是事物在其自身发展过程中偶然巧合形成的。这里的"自然之道"指必然性，"适偶之数"指偶然性。由此可见，王充天命思想较孔孟而言是进步的，进步之处在于王充看到了"命"同时具有偶然性和必然性。

以上分析了王充通过批判孟子"天故生圣人"的观点，进而得出"圣人不受命于天"的结论。不仅如此，王充还认为孟子的天命思想中"无触值之命"。

> 孟子曰："莫非天命也，顺受其正。是故知命者，不立乎岩墙之下。尽其道而死者，为正命也；桎梏而死者，非正命也。"夫孟子之言，是谓人无触值之命也。顺操行者得正命，妄行苟为得非正，是天命于操行也。夫子不王，颜渊早夭，子夏失明，伯牛为疠，四者行不顺与？何以不受正命！比干剖，子胥烹，子路菹，天下极戮，非徒桎梏也。必以桎梏效非正命，则比干、子胥行不顺也。人禀性命，或当压、溺、兵、烧，虽或慎操修行，其何益哉！……命不压，虽岩崩，有广国之命者犹将脱免。"行，或使之；止，或尼之。"命当压，犹或使之立于墙下。（《论衡·刺孟》）

---

① 邓红：《王充新八论》，中国社会科学出版社，2003，第86页。

孟子认为一切都是天命，顺从天命，就要顺应承受它的正命。因此，真正懂得天命的人，不会立于危墙之下，以免死于非命。行天道而死的人，所禀的命是正命；因为触犯律法而戴脚镣手铐死亡的人，所禀的命不是正命。王充认为孟子的话是认为"人无触值之命"。"顺操行者得正命，妄行苟为得非正"，是说天命随操行的好坏而变化。然而"夫子不王，颜渊早夭，子夏失明，伯牛为疠"，孔子、颜渊、子夏、伯牛并非因为操行不好而未得"正命"；"比干剖，子胥烹，子路菹"，比干、子胥、子路都受到最残酷的刑罚，也都未得"正命"。王充认为，人从天禀受了性命，有人注定被重物压死，有人注定被水淹死，有人注定被他人杀死，有人则注定被大火烧死，在这些人中即使有人谨慎地修养操行，也不能免于一死。如果命中注定被压死，就会有股力量促使他站在高墙之下；如果命中注定被淹死，也会有股力量促使他离水很近；如果命中注定被杀死，也会有股力量促使他被杀；如果命中注定被烧死，也会有股力量促使他离火很近。这就是王充所谓"行，或使之；止，或尼之"。

孟子"天命"思想先强调"立命"，后强调"非命"，最后又将之归于作为主体的人。《孟子·尽心上》："尽其心者，知其性也。知其性，则知天矣。存其心，养其性，所以事天也。夭寿不贰，修身以俟之，所以立命也。"尽自己的心，就可以觉悟到自己的本性。觉悟到自己的本性，就可以懂得天命。保存自己的心，养护自己的本性，以此来对待天命。"夭寿不贰，修身以俟"是"立命"的方法。这里所立之"命"就是"正命"，指顺应天道而寿终正寝之命。《孟子·尽心上》："莫非命也，顺受其正；是故知命者不立乎岩墙之下。尽其道而死者，正命也；桎梏死者，非正命也。"没有哪一样事物不由天命决定，顺从天命，接受的是"正命"，所以，"知命者"不会站立在危墙之下。"尽其道而死"，是正命；"桎梏死"，不是正命，即"非命"。《孟子·尽心上》："求则得之，舍则失之，是求有益于得也，求在我者也。求之有道，得之有命，是求无益于得也，求在外者也。"这里"求则得之，舍则失之"强调的不是人可以改变"天命"，而是人能够通过自身的努力回归"天命"。虽有"命"在"天"，但能否"立命"在于自己。所以孟子的天命论归根结底是要求顺应自然规律而行人事。

综上可知,王充从"尽其道而死者,为正命也;桎梏而死者,非正命也"(《论衡·刺孟》)得出孟子没有"触值之命"的概念。王充将命分为"所当触值之命"与"强弱寿夭之命"两类,"触值之命"指"遭命","寿夭之命"指"正命"。王充反对儒家将"命分三品"的主张,并在此基础上提出了自己"命分二品"的主张。

> 传曰:"说命有三:一曰正命,二曰随命,三曰遭命。"正命,谓本禀之自得吉也。性然骨善,故不假操行以求福而吉自至,故曰正命。随命者,戮力操行而吉福至,纵情施欲而凶祸到,故曰随命。遭命者,行善得恶,非所冀望,逢遭于外,而得凶祸,故曰遭命。
>
> 凡人受命,在父母施气之时,已得吉凶矣。……性自有善恶,命自有吉凶。使命吉之人,虽不行善,未必无福;凶命之人,虽勉操行,未必无祸。孟子曰:"求之有道,得之有命。"性善乃能求之,命善乃能得之。性善命凶,求之不能得也。行恶者祸随而至,而盗跖、庄蹻横行天下,聚党数千,攻夺人物,断斩人身,无道甚矣,宜遇其祸,乃以寿终。夫如是,随命之说,安所验乎?遭命者,行善于内,遭凶于外也。若颜渊、伯牛之徒,如何遭凶?颜渊、伯牛,行善者也,当得随命,福祐随至,何故遭凶?颜渊困于学,以才自杀;伯牛空居而遭恶疾。及屈平、伍员之徒,尽忠辅上,竭王臣之节,而楚放其身,吴烹其尸。行善当得随命之福,乃触遭命之祸,何哉?(《论衡·命义》)
>
> 凡人禀命有二品:一曰所当触值之命,二曰强弱寿夭之命。所当触值,谓兵、烧、压、溺也。强寿弱夭,谓禀气渥薄也。……夫禀气渥则其体强,体强则其命长;气薄则其体弱,体弱则命短,命短则多病寿短。始生而死,未产而伤,禀之薄弱也。渥强之人,必卒其寿。若夫无所遭遇,虚居困劣,短气而死,此禀之薄,用之竭也。此与始生而死,未产而伤,一命也,皆由禀气不足,不自致于百也。(《论衡·气寿》)

经传将命分为"正命""随命""遭命"三类。"正命",是天生的好命,不需要努力端正操行,富贵福祐自然而来;"随命",需要努力端正操行,才能得到富贵福祐,若不努力端正操行,贫贱灾祸就会随之而来;"遭命",是天生的坏命,做善事也会遭恶报,无论怎么努力都摆脱不了贫贱与灾祸。对于传统"命分三品"的主张,王充并不认同,他认为"凡人受命,在父母施气之时,已得吉凶矣","性自有善恶,命自有吉凶",所以,"命吉之人,虽不行善,未必无福;凶命之人,虽勉操行,未必无祸"。他还认为孟子的"求之有道,得之有命"是说只有性善之人才能追求富贵,只有命善之人才能得到富贵。盗跖、庄𫏋本该遭受灾祸,却得到"寿终"。贤良如颜渊、伯牛之人,本该得到福祐,却遭到灾凶,即"行善当得随命之福,乃触遭命之祸"。由此可见,有"随命"就没有"遭命",有"遭命"也就没有"随命"。王充由此认定人禀受气所形成的命只有两种:一是恰好碰上的命,王充有时也称这种命为"所当触值之命"或"遭命",指注定会遭受外来的、不可预测的凶祸而死亡的"命";二是因身体强弱不同而形成的寿命长短不同的命。在王充看来,"正命"就是"强弱寿夭之命","遭命"就是"所当触值之命"。由此可见,王充在阐述其"命分二品"理论时,强调的是"命"的必然性。王充对"随命"的否定还体现在"且命在初生,骨表著见"(《论衡·命义》);"命,谓初所禀得而生也。人生受性,则受命矣。性、命俱禀,同时并得,非先禀性,后乃受命也"(《论衡·初禀》)。他认为,人在成为人之时,就禀受了该禀受的气,而在人禀气而生之时"命"就已经定好,所以,之后"命"也无法根据人的品行而发生变化。当然,王充对"随命"的否定并不彻底,如盗跖、庄𫏋之所以会行恶得善,可能是因为他们禀受的是"正命";颜回、伯牛之所以行善得恶,可能是因为他们禀受的是"遭命"。

由此可见,王充的"正命"同孟子的"正命"是完全不同的两个概念。王充的"正命"即"强弱寿夭之命",指天生的好命,不需要努力端正操行,富贵福祐自然而来;"遭命"即"所当触值之命",指天生的坏命,做善事也会遭恶报,无论怎么努力都摆脱不了贫贱与灾祸。王充的

"所当触值之命"与"强弱寿夭之命"强调的都是必然性。孟子的"正命"指顺应天道而寿终正寝,要求人顺应自然规律而行人事,强调的也是必然性。综上可知,王充与孟子的"正命"虽都是必然性的存在,指向却不同。虽然王充对孟子"人无触值之命"进行了严密而又符合逻辑的反驳,却依然没有推翻孟子的"天命"思想。相反,王充还无意识地继承并发展了孟子的"天命"思想。

三

王充与荀子天命论

荀子所谓"命",大体有两层含义:第一,与孔子的偶然存在之"命"类似,认为人作为主体性的存在,对"命"无可奈何和无能为力;第二,相对于第一个含义较为积极,认为人面对如同自然规律般存在的"命"可以顺应并加以利用,并由此提出"制天命而用之"(《荀子·天论》)的思想。荀子的"制天命而用之"思想,在中国哲学史上有非常重要的作用,对后世影响极大。荀子认为"天命"是具有必然性的自然法则,人应该"制天命而用之"(《荀子·天论》),强调了人的主观能动性,认为人类应该积极顺从自然而不是消极面对自然。积极利用"天命"的主张是荀子在梳理古代天人关系的过程中总结出来的。荀子在中国哲学史上第一次提出"明于天人之分"的观点,明确划分了"天职"与"人治"。荀子提出"天行有常",天地万物运动变化有其自身的规律,不以人的意志为转移。荀子还认为"天有其时,地有其财,人有其治"(《荀子·天论》),人类可以根据对天时、地利的认识来利用自然、改造自然。荀子将儒家传统"天命"思想从"畏天命"转向"制天命"。荀子"制天命而用之"的天命思想,建立在其"明于天人之分"(《荀子·天论》)、"不求知天"(《荀子·天论》)的基础之上。

荀子认为"唯圣人为不求知天"(《荀子·天论》),只有圣人不追究万物形成的原因和过程。《荀子·君道》："其于天地万物也，不务说其所以然而致善用其材。"为君者对于天地万物，不致力于解说其形成的原因而能很好地利用。"不求知天"并不是反对自然规律，而是强调利用并尊重自然规律；并不是否定"天"的作用和存在，而是强调天人应各司其职、并行不悖。具体来说："不为而成，不求而得，夫是之谓天职。如是者，虽深，其人不加虑焉；虽大，不加能焉；虽精，不加察焉；夫是之谓不与天争职。天有其时，地有其财，人有其治，夫是之谓能参。舍其所以参，而愿其所参，则惑矣。"（《荀子·天论》）大自然的职能是不需要人为地努力就可以自然而然地产生一切，"天有其时""地有其财""人有其治"，是指各司其职、并行不悖。如果人舍弃了"治"，去追求天、地的恩赐，"则惑矣"。荀子也有类似"人有其治"强于"天有其时，地有其财"的思想，如《荀子·礼论》："天能生物，不能辨物也；地能载人，不能治人也。"人具有认识"天能生物""地能载人"的能力，天和地却不具备"辨物"和"治人"的能力。所以，人不必去羡慕天，更不必去干涉天地自然万物运化的规律，只有这样，人才有可能长处同天地各司其职、并行不悖的位置。

《荀子·天论》提出"明于天人之分，则可谓至人矣"的观点，认为自然界有一定的运行规律，不因人而存亡，不与人类社会有必然的联系，更不会主宰人类的命运。"明于天人之分"还有顺天之意。《荀子·天论》："强本而节用，则天不能贫；养备而动时，则天不能病；循道而不忒，则天不能祸。故水旱不能使之饥，寒暑不能使之疾，妖怪不能使之凶。"加大对农业的投入，减少对收获的浪费，这样做，上天也不能使他贫困；善于在事先做好预备并按照适当的时节活动，这样做，上天也没办法使他遭殃。"循道而不忒"之"道"在此兼指自然规律与社会规律，只要遵循该遵循的规律并且不出差错，"则天不能祸"。换言之，天不能主宰人事，人也不能决定天道。人类生存的自然世界与人类社会是完全独立的两个世界，人类社会中发生的事情往往取决于人与人类社会本身，与天无关。所以，只要人关注人事而不去过多关注与人无关的自然规律，并且能顺应自然而为之,就可以得到想要的结果。

荀子"明于天人之分"中的顺天思想不仅在于人对自然规律和社会规律的顺应,还在于人对自身的改造和加工。《荀子·天论》:"财非其类,以养其类,夫是之谓天养。顺其类者谓之福,逆其类者谓之祸,夫是之谓天政。"财物和人不是同类,但人可以用财物来供养自己和同类,这种情况被称为"天养"。能和同类保持一致的情况叫"福",反之,叫"祸",这就是"天政"。

换言之,天然的政治原则要求供养必须符合自然规律,一旦供养违背该有的原则,便会伤害同类或伤害原则。荀子虽然持性恶理论,但是仍然肯定立法、规范、教化等对人性的作用,所以《荀子·大略》又说:"礼以顺人心为本,故亡于《礼经》而顺人心者,皆礼也。"礼的根本是顺应人心,所以,即使《礼经》上没有,只要能顺应人心,也都是礼。《荀子·不苟》:"君子养心莫善于诚,致诚,则无它事矣,唯仁之为守,唯义之为行。"想要成为君子,必须陶冶和提高自己的情操,提高情操最好的方法就是诚心诚意地对待每一个人、每一件事。这里的"诚"有顺之意。①"天人相分不过是强调,要把天人更高层次统一的基础,放置在主体后天的'制天命而用之'的实践追求上。"②

荀子"制天命"的"命",摆脱了形而上的、神秘的"命",是内在的必然性的存在。《荀子·强国》:"人之命在天,国之命在礼。"人的命运在天,国家的命运在礼。王充对荀子"人之命"与"国之命"也有所吸收,看到了人有人命,国有国命,不同的是,荀子认为"国之命在礼",王充则认为:"国命系于众星。列宿吉凶,国有祸福;众星推移,人有盛衰。"(《论衡·命义》)即国家的命运由众星宿的运行来决定,只要星宿运行出现异常,就预示着社会将要出现或吉或凶的事件。但是,王充的星宿的凶吉决定国家是有福还是有祸,星宿的移动决定人类社会是盛还是衰

---

① 韩德民:《荀子"制天命"说新解》,《中国文化研究》1999年第4期。
② 韩德民:《荀子"制天命"说新解》,《中国文化研究》1999年第4期。

的观点，相比荀子的"国之命在礼"则退步了。

荀子认为自然的运行有一定的规律可循，顺应规律就"吉"，违背规律则"凶"。所以"唯圣人为不求知天"，只考虑如何顺应自然规律，而不考虑如何改变自然规律。荀子所谓"制天命而用之"，"制天命"指人要驾驭自然，对自然规律要加以利用，强调人类面对自然不应该消极"无为"，而应该积极改造、利用。这里的"命"指人可以认识和把握的自然规律，强调人作为主体把握自然规律是可能的，这与孔子偶然性存在的"命"不同。因为"天"是不可知的，人很难了解，所以《荀子·天论》中认为"不求知天"，"明于天人之分，则可谓至人矣"，认为"天情""天官""天君""天养""天政"是"天职""天功"，所以，人应当"不与天争职""不求知天"。

《荀子·强国》："人之命在天，国之命在礼。"《荀子·正名》："性伤谓之病，节遇谓之命。"人的命运在天，国家的命运在礼。天性受到伤害叫疾病，制约人生的不期遭遇叫命运。这里的"命"与"制天命"的"命"不同，"制天命"之"命"指人可以认识和掌握的自然规律，而"人之命在天"和"节遇谓之命"强调的是人作为主体对"命"的不可认识和难以把握，类似于孔子所谓偶然性存在的"命"。荀子所谓"节遇谓之命"中的"节遇"就是时遇，是偶然受到外在环境影响的命。王充在《论衡·气寿》中将人之命分为二品："一曰所当触值之命，二曰强弱寿夭之命。"王充的"所当触值之命"，明显是对荀子"节遇谓之命"的继承与发展。

《荀子·宥坐》："夫贤不肖者，材也；为不为者，人也；遇不遇者，时也；死生者，命也。今有其人不遇其时，虽贤，其能行乎？苟遇其时，何难之有？故君子博学、深谋、修身、端行以俟其时。"人是贤良之士还是不肖之徒，由其品质决定；有作为还是无作为，由人自己决定；是否能遇到赏识自己的人，由时运决定；生与死，则由命决定。即通常所说的"时也命也"。王充也有类似"时也命也"的思想。如《论衡·偶会》："命，吉凶之主也。自然之道，适偶之数，非有他气旁物厌胜感动使之然也。"可见，王充认为"命"是吉凶的主宰，是自然形成的道，是偶然巧合的定数，并非有"他气""旁物"的影响而使之如此。王充的"非相贼害，命自然也"（《论衡·偶会》）和"偶适然自相遭遇，时也"（《论衡·偶会》）说的也是具有偶然性的时命。

《荀子·赋》论"知"时说："皇天隆物，以示下民，或厚或薄，常不齐均。"上天降下一种东西，用来施与天下人民，有人丰厚有人微薄，时常不会整齐平均。这种东西便是荀子所论的智慧。荀子将"天"说成有意志、有目的的存在。对于"或厚或薄"的智是怎样的存在，荀子没有提及，王充却进行了详细的论述。《论衡·幸偶》："俱禀元气，或独为人，或为禽兽。并为人，或贵或贱，或贫或富。富或累金，贫或乞食；贵至封侯，贱至奴仆。非天禀施有左右也，人物受性有厚薄也。"万物一起承受元气，有的唯独给人，有的却给了禽兽。即使一同给人的，也有"或贵或贱，或贫或富"的区别。这并不是天施气时有所偏袒，而是由于人和万物禀气而成之时所禀之气的厚薄不同。这种皆禀气而成的差异之中也包括荀子所谓的"或厚或薄"的智慧。

综上所述，荀子"制天命而用之"的天命思想，是以"明于天人之分"、"不求知天"以及性恶论为基础的，荀子天命思想并没有选择和接受孔子的天命理论，相反，道家"天道自然无为"思想对荀子天命思想有较大的影响，如都强调"天"的自然属性，不同的是，荀子还看到了人类对自然的主观能动性。荀子将道家"天道自然无为"思想与发挥人的主观能动作用的观点相结合，为后来王充批判儒家"天人感应"说提供了理论依据。可以说，王充对儒家"天人感应"说的批判，同荀子"明于天人之分"思想在理论上是一脉相承的，都认为天不能主宰人事，人也不能影响天道。人类生存的自然世界与人类社会是完全独立的两个世界，人类社会中发生的事情往往取决于人类和人类社会本身，与天无关。人只需要顺应自然，关注人事。荀子"天人相分"的思想还影响了王充对"谴告说"的批判，王充通过对天能赏善罚恶的批判，进而得出"人不能以行感天，天亦不随行而应人"（《论衡·明雩》）的结论。综上所述，王充的天命观建立在反对儒家"天地故生人"以及"天人感应"说的基础之上，并以"气"和"天道自然无为"思想为理论基础，提出万物皆禀气而成，并非天地有意识地创造了万物，万物的产生和变化都是自发、客观、无意识的。

四

王充与老、庄天命论

王充思想体系中有三个特别重要且相互关联的概念，即"气""性""命"。"气"是王充人性思想体系中最为重要的概念，"性"与"命"都由"气"构成，都禀气而生，禀气的厚薄决定了"性"的善恶、"命"的好坏。在谈论人性问题时，王充常将"性""命"连用，有时甚至认为"性""命"一体。王充虽然多次将"性""命"连用，但是，从本质上看，"性"与"命"既有联系又有区别。

"性"与"命"的联系主要指王充以气释性、以气释命的理论前提是老子的"自然"说和"气自然"论，还有王充的"用气为性，性成命定"。"命，吉凶之主也。自然之道，适偶之数，非有他气旁物厌胜感动使之然也"（《论衡·偶会》），全面概括了王充对"命"的理解。"命"是吉与凶的主宰，人之贵贱与福祸都是命中注定、不可改变的。在此基础上，王充进一步解释了自然界和人类社会的一切现象都是事物在自身发展过程中自然形成的。王充认为："命，谓初所禀得而生也。人生受性，则受命矣。性、命俱禀，同时并得，非先禀性，后乃受命也。"（《论衡·初禀》）强调"命，谓初所禀得而生"，人在获得生命的同时也就获得了"命"，人之"命"该如何、人之"性"该如何，在最初禀受自然之气时就已经安排好，人得到"性"的同时也得到了"命"。"性""命"一起禀受，并非先禀受性，后禀受命。

"性"与"命"又是不同的，二者的区别主要为："夫性与命异，或性善而命凶，或性恶而命吉。操行善恶者，性也；祸福吉凶者，命也。或行善而得祸，是性善而命凶；或行恶而得福，是性恶而命吉也。性自有善恶，命自有吉凶。使命吉之人，虽不行善，未必无福；凶命之人，虽勉操行，未必无祸。"（《论衡·命义》）王充认为性与命也有不同，有人性善而命凶，有人性恶而命吉。操行品德的好坏，是"性"；遇到的祸福凶吉，是"命"。"行善而得祸"之人"性善而命凶"，"行恶而得福"之人"性恶而命吉"。所以，"性"有善有恶，"命"亦有吉有凶。基于此，王充提出了"命有二品"说。

"自然"一词以哲学范畴出现始见于《老子》一书。道家思想的核心是"自然""无为"，其最高法则是"道法自然"。"自然"一词在《老子》中共出现五次。① 中国哲学视域下的"自然"指的是一种自然而然、本该如此的状态。道家的"自然"大体有两类。一类指万物非人为的本然状态。《老子》第五十一章："道生之，德畜之，物形之，势成之。是以万物莫不尊道而贵德。道之尊，德之贵，夫莫之命而常自然。故道生之，德畜之，长之育之，亭之毒之，养之覆之。生而不有，为而不恃，长而不宰。是谓玄德。""道"生成万物，"德"养育万物，万物呈现各种形态，环境使万物成长。所以，万物都尊重"道"而且珍惜"德"。"道"与"德"被尊重和珍惜，是命运自然的形态，没有受谁的命令，也没有受谁的指使。所以，"道"生成万物，"德"养育万物，使之成长、发育、成熟，同时还使其受到抚养和保护。生长了万物而不据为己有，抚育了万物而不自恃己功，引导了万物而不主宰万物，这就是玄妙之德。这里，"道生之"就是"自然"存在的客观规律，万物的生长需要遵循这种客观规律。"道"最根本的规律就是"自然"，即自然而然的状态。按"道"的规律看，对待万物应该顺其自然，让万物按自身的必然性自由发展。这种自然而然的状态就是老子所谓的"夫莫之命而常自然"，"道"创生万物没有目的性，创生万物之后还能做到"不有""不恃""不宰"，从开始，到过程，再到

---

① 季乃礼：《试论玄学中"自然"的儒化》，《社会科学战线》1996年第6期。

结束，都完全处于自然而然的状态之下。另一类指无意识、无目的、无为无造。《老子》第五章："天地不仁，以万物为刍狗；圣人不仁，以百姓为刍狗。"天地看待万物都是一样的，不会对谁特别好，也不会对谁特别坏，一切顺其自然发展。学术界将此句视为老子对天的自然属性的描述。王弼《老子注》第五章对此句的理解则侧重于"自然""无为"，如"天地任自然，无为无造，万物自相治理，故不仁也"，天道任自然，并不施加恩惠于万物，而是任由万物各自有所用。

王充认为世间万物都依托于"气"，天地万物的生死存亡都源于"气"的聚散离合。王充的"元气"含有物质和本原双重含义，不论是本原之气还是物质之气，都是"自然无为"的。《论衡·言毒》："万物之生，皆禀元气。"《论衡·物势》："因气而生，种类相产。"人与动物之所以不同，是因为所禀之气有厚有薄；人之所以有贵贱之分，也是因为所禀之气有厚有薄。由此可见，万物之所以相异，是因为万物所禀之气有差异。王充认为人禀气而成、因气而异，就是说，万物皆具有禀气而生的共性，万物皆具有禀气而生所产生的差异，万物的差异皆来源于万物所禀之气的差异。《论衡·辨祟》："夫倮虫三百六十，人为之长。人，物也，万物之中有知慧者也。其受命于天，禀气于元，与物无异。"人在三百六十种倮虫中是首领，作为万物的一种，人是万物中最有智慧的。"气"是构成万物的原始物质，人与其他万物皆从天地间的元气那里承受气。这是万物的共性。《论衡·论死》："人，物也；物，亦物也。物死不为鬼，人死何故独能为鬼？"人作为禀气而成的万物之一，同万物具有同样的属性，物死后不变成鬼，人死后也不会变成鬼。这亦是万物的共性。

《论衡·幸偶》："俱禀元气，或独为人，或为禽兽。并为人，或贵或贱，或贫或富。富或累金，贫或乞食；贵至封侯，贱至奴仆。非天禀施有左右也，人物受性有厚薄也。"万物皆禀元气，有的气唯独给人，有的气给了禽兽。即使"并为人"也有不同，人有尊贵和卑贱之分，亦有贫穷和富裕之别。这种差别不是天"施气"时有所偏袒，而是人和万物承受的形成生命之气的薄厚不同所致。

> 死生者，无象在天，以性为主。禀得坚强之性，则气渥厚而体坚强，坚强则寿命长，寿命长则不夭死。禀性软弱者，气少泊而性羸窊，羸窊则寿命短，短则蚤死。故言"有命"，命则性也。至于富贵所禀，犹性所禀之气，得众星之精。众星在天，天有其象。得富贵象则富贵，得贫贱象则贫贱，故曰"在天"。在天如何？天有百官，有众星。天施气而众星布精，天所施气，众星之气在其中矣。人禀气而生，含气而长，得贵则贵，得贱则贱。贵或秩有高下，富或资有多少，皆星位尊卑小大之所授也。故天有百官，天有众星，地有万民、五帝、三王之精。天有王梁、造父，人亦有之，禀受其气，故巧于御。（《论衡·命义》）

王充认为人之命还由人所"禀"的众星之气决定。人的生死"以性为主"。人的生死寿夭和贫富贵贱皆由命决定，而人之命在母体内禀气而成之时已经形成。天和星宿施气是"自然无为"的，因为人所承之气有厚有薄，且天上的星象本身也有贫富贵贱的差别，所以形成不同的命。《论衡·初禀》："命，谓初所禀得而生也。"《论衡·命义》："凡人受命，在父母施气之时，已得吉凶矣。"《论衡·气寿》："夫禀气渥则其体强，体强则其命长；气薄则其体弱，体弱则命短，命短则多病寿短。"人之命的长短、贵贱、贫富、祸福在禀受"自然之气"时便已形成，人之命的差异由所禀之气的厚薄决定。

值得注意的是，王充虽然强调万物因气而异，但是这种"异"在王充看来并不是万物不平等的表现。在王充视界中，万物禀气而成是"自然无为"的，所以，万物因气而异也是"自然无为"的。《论衡·物势》："夫天地合气，人偶自生也，犹夫妇合气，子则自生也。"在此王充虽然使用的是"偶"字，表达的却是"自然无为"的思想。"天地合气，人偶自生"是说人的生命由阴阳二气化生而成，这种化生的过程也是"自然无为"的。综上所述，在王充视界中，万物禀气而生却又因气而异是一种自然而然、本该如此的状态。

王充反对传统将"命"分为正命、随命、遭命三类。王充在反对汉代流行的"命有三品"思想的基础之上，继承儒家具有偶然性的"天命"和具有必然性的"节遇"之命，提出其"命有二品"说。

姜国柱、朱葵菊在《中国历史上的人性论》一书中说："王充明确地把人性分为三品：上、中、下，即善、中、恶。"① 还说："王充把禀气的多少、厚薄作为人性善恶的基础……人和万物、王侯和庶民都禀元气而生，但为什么会有人和物、王侯和庶民的不同呢？王充认为，这是由命造成的。王充就是这样把性和命联系起来。"② 王充将"性"分成三类——"有正，有随，有遭"（《论衡·命义》），并进一步将其解释为："正者，禀五常之性也；随者，随父母之性；遭者，遭得恶物象之故也。"（《论衡·命义》）正性，天生就禀仁、义、礼、智、信，这种"性"是天生善的，是自然的。随性，是顺从父母之性，可以为善可以为恶，完全取决于父母，《论衡·命义》中有介绍胎教对"性"的影响，妇女怀孕之时"席不正不坐，割不正不食，非正色目不视，非正声耳不听"，等孩子稍微长大，"置以贤师良傅，教君臣父子之道"。遭性，是遭受恶物的性，这种"性"是天生恶的。但是，"性"与"命"又不同："操行善恶者，性也；祸福吉凶者，命也。或行善而得祸，是性善而命凶；或行恶而得福，是性恶而命吉也。性自有善恶，命自有吉凶。"（《论衡·命义》）操行品德的好坏，是性；遇到的祸福凶吉，是命。有的人操行好却"得祸"，这是性善而命凶；有的人操行恶却得福，这是性恶而命吉。性有善有恶，命有吉有凶。

---

① 姜国柱、朱葵菊：《中国历史上的人性论》，中国社会科学出版社，1989，第67页。
② 姜国柱、朱葵菊：《中国历史上的人性论》，中国社会科学出版社，1989，第67页。

第三章

CHAPTER 3 人性论

人性问题，是我国历代思想家普遍关注的重要问题之一。在人性思想研究史上，王充是承上启下的关键性人物，其人性思想上承孔子、孟子、荀子，下启韩愈、李翱。由于王充的学派归属问题，其学术思想没有受到应有的重视，但是其人性思想并未被埋没，受到许多研究者的青睐。

学术界关于王充人性论归属问题的研究大体可分为三类：一类将之定义为"性三品"说，如姜国柱、朱葵菊在《中国历史上的人性论》一书中认为"王充明确地把人性分为三品：上、中、下，即善、中、恶"①；一类将之定义为"性有善有恶"说，如冯友兰先生认为王充人性论是有善有恶，王充人性思想"取孟荀对于人性之见解，而折衷之也"②；一类则认为二者兼有，"性有善有恶"说、"性三品"说都是王充人性思想的基本内容，如杨国荣主编的《中国哲学史》中说："性有善有恶和性三品是王充人性论的基本观点。"③ 在《论衡·本性》中，王充以自己的人性思想为标杆、以孔子人性思想为理论依据，详细论述了从先秦至汉代儒家代表人物的人性思想。王充认为"论人之性，定有善有恶"（《论衡·率性》），还认为"周人世硕以为人性有善有恶，举人之善性，养而致之则善长；性恶，养而致之则恶长。如此，则情性各有阴阳，善恶在所养焉。故世子作《养性书》一篇。宓子贱、漆雕开、公孙尼子之徒，亦论情性，与世子相出入，皆言性有善有恶"（《论衡·本性》），宓子贱、漆雕开、公孙尼子等人与世硕的观点虽然有出入，但"皆言性有善有恶"。王充在《论衡·率性》中，详细论

---

① 姜国柱；朱葵菊：《中国历史上的人性论》，中国社会科学出版社，1989，第66页。
② 冯友兰：《中国哲学史》（下），重庆出版社，2009，第75页。
③ 杨国荣主编《中国哲学史》，中国人民大学出版社，2012，第130页。

述了自己的人性思想,认为人的本性无论善恶都可以被改变,而实现这种先天之性转变的关键在于后天的"教告率勉"。所以,王充尤其重视教育的引导作用、法制的规范作用、先进人物的表率作用以及环境的浸润作用。

一

王充与孔子人性论

孔子很少谈人性问题。《论语·公冶长》载,子贡曰:"夫子之文章,可得而闻也;夫子之言性与天道,不可得而闻也。"虽然孔子没有关于人性和天道的言论,但是后世在研究人性问题时,都或多或少受到孔子人性思想的影响。冯友兰先生认为孔子"对于性虽未有明确的学说,然以注重心理学之故,性善性恶,遂成为后来儒家之大问题矣"[①]。《中庸》开篇就提出了"天命之谓性,率性之谓道,修道之谓教",人的自然禀赋叫作"性",依照本性去做事叫作"道",修道的方法就是"教"。"性""道""教"三者关系非常复杂,并非简单的递进关系。徐复观认为,"从思想上来看,《中庸》上篇之所以出现,主要是解决孔子的实践性的伦常之教,和性与天道的关系"[②];"孔子所证知的天道与性的关系,乃是'性由天所命'的关系。天命于人的,即是人之所以为人之性"[③];"'天命之谓性'的另一重大意义,是确定每个人都是来自最高价值实体——天——的共同根源;每个人都秉赋了同质的价值"[④]。蔡元培在《中国伦理学史》一书中曾说:"人类之性,本于天命,具有道德之法则。循性而行之,是为道德。是已有性善说之倾向,为孟子所自出也。"[⑤] 由此可知,子思"天命之谓

[①] 冯友兰:《中国哲学史》(上),重庆出版社,2009,第69页。
[②] 徐复观:《中国人性论史·先秦篇》,九州出版社,2014,第99页。
[③] 徐复观:《中国人性论史·先秦篇》,九州出版社,2014,第106页。
[④] 徐复观:《中国人性论史·先秦篇》,九州出版社,2014,第107页。
[⑤] 蔡元培:《中国伦理学史》,广西师范大学出版社,2010,第13页。

性"同孔子的人性思想一脉相承,指生而固有的自然禀赋。《论语》中关于人性问题的言论只有寥寥几句,却影响了孟子的"性善"说、荀子的"性恶"说、告子的"性无善恶"说以及王充的"性三品"说。

《论语·阳货》:"唯上知与下愚不移。""上知"指上等的智者,"下愚"指下等的愚人,上等的智者与下等的愚人是改变不了的。《论语》中对此最详细的解释是:"生而知之者上也,学而知之者次也;困而学之,又其次也;困而不学,民斯为下矣。"(《论语·季氏》)"生而知之者"指"上知";"困而不学,民斯为下矣"指"下愚"。朱熹认为,"唯上知与下愚不移"与"性相近也,习相远也"说的都是人性问题,"此所谓性,兼气质而言者也。气质之性,固有美恶之不同矣。然以其初而言,则皆不甚相远也。但习于善则善,习于恶则恶,于是始相远耳"。① 朱熹认为人的"气质之性"虽有"美恶"之分,但最初相差无几,真正的差距始于"习","习于善则善,习于恶则恶"。换言之,无论性善还是性恶,都由"习"的不同、环境的不同而导致。在"上知"与"下愚"之间,还有两类,即介于"生而知之"的"上知"与"困而不学"的"下愚"之间的"学而知之"者与"困而学之"者。这两类,指的是"性相近也,习相远也"的普通人,即孔子所谓的"中人"。孔子认为:"中人以上,可以语上也;中人以下,不可以语上也。"(《论语·雍也》)"中人"天赋相差无几,主要看后天的"习"。"性相近也,习相远也",指人的天性原本是类似的,习惯不同而逐渐使人与人之间产生差距。所以孔子强调"习","习"主要指"习礼",李泽厚认为:"'礼'必须'时习之'。此'习'并非记诵、思考,乃行为、活动。"② 总之,孔子认为"上知"与"下愚"无法改变,只有"中人""性相近也,习相远也"。

《论语》中唯一一次明确谈论人性问题的是"性相近也,习相远也",即"在人性的维度,人是相近的,甚或相同的;在习的维度,人是不同

---

① 朱熹:《四书章句集注》,中华书局,2012,第176~177页。
② 李泽厚:《论语今读》,中华书局,2015,第324页。

的，甚或千差万别的。这表明，人性是普遍的、同一的，所有人的'性'是一样的，人之不同、差异乃'习'所塑造出来的"①。王充在《论衡》中对孔子人性思想有过征引。《论衡·本性》："孔子曰：'性相近也，习相远也。'夫中人之性，在所习焉。习善而为善，习恶而为恶也。"因为"中人"无分善恶，王充认为"习"对"中人"有比较明显的作用，可以"习善而为善，习恶而为恶"。《论衡·本性》："故孔子曰：'惟上智与下愚不移。'性有善不善，圣化贤教，不能复移易也。"王充用孔子"惟上智与下愚不移"一句论证其"至于极善极恶，非复在习"的观点。

王充对孔子人性学说的内容并无直接评论，而是在评判告子人性思想时，借用了孔子的人性学说。但是，对王充人性学说影响最大的人物是孔子。王充对孔子人性学说的传承也有很大的贡献，后世对孔子人性学说的研究几乎都建立在王充对孔子人性学说的解读之上。

> 告子与孟子同时，其论性无善恶之分，譬之湍水，决之东则东，决之西则西。夫水无分于东西，犹人性无分于善恶也。夫告子之言，谓人之性与水同也。使性若水，可以水喻性，犹金之为金，木之为木也，人善因善，恶亦因恶。初禀天然之姿，受纯壹之质，故生而兆见，善恶可察。无分于善恶，可推移者，谓中人也，不善不恶，须教成者也。故孔子曰："中人以上，可以语上也；中人以下，不可以语上也。"告子之以决水喻者，徒谓中人，不指极善极恶也。孔子曰："性相近也，习相远也。"夫中人之性，在所习焉。习善而为善，习恶而为恶也。至于极善极恶，非复在习。故孔子曰："惟上智与下愚不移。"性有善不善，圣化贤教，不能复移易也。孔子，道德之祖，诸子之中最卓者也，而曰"上智下愚不移"，故知告子之言，未得实也。（《论衡·本性》）

---

① 陆建华：《王充视界中的儒家人性学说——以〈论衡·本性〉为中心》，《孔孟学报》2013年第91期。

在王充看来，孔子人性学说可分为上、中、下三品，即"上智""下愚""中人"。"上智"指孔子所谓的"中人以上"，"下愚"是"中人以下"，"中人"则是"性相近也，习相远也"的大多数普通人。"上智"和"下愚"的人性善恶是确定的，"中人"的人性善恶是不确定的。王充还认为："孔子心中的'上智'者性善、'下愚'者性恶不仅是先天的，而且还是永恒不变的，不会因后天的因素而改变；孔子心中的中人之性的善恶是不确定的，中人之性可以向善，也可以向恶，其最终走向善还是走向恶，主要取决于后天的'习'与'教'等后天因素。"①

众所周知，孔子特别重视因材施教，如《论语》中不同的学生问孔子相同的问题，孔子都会依据学生的性格特征和具体情况给出不同的回答。人性问题也理应如此。关于孔子人性学说的研究，后世主张孔子人性学说为"性三品"说和"性相近，习相远"说的较多。认为其是"性三品"说，依据是孔子的"唯上知与下愚不移"，认为孔子人性思想属于"性相近，习相远"说的依据也是"唯上知与下愚不移"，不同的是，后者认为"唯上知与下愚不移"指的仅是人的禀赋智商的差别。笔者认为，虽然孔子本人没有对其人性思想进行等级划分，但是《论语》中孔子的人性思想确实为后世"性三品"说提供了理论依据。如《论语·季氏》："孔子曰：生而知之者上也，学而知之者次也；困而学之，又其次也；困而不学，民斯为下矣。"孔子将人的智商分为"生而知之""学而知之""困而学之""困而不学"四个层次。《论语·泰伯》："狂而不直，侗而不愿，悾悾而不信，吾不知之矣。"孔子将小人分为"不直""不愿""不信"三类。《论语·阳货》载，子曰："古者民有三疾，今也或是之亡也。古之狂也肆，今之狂也荡；古之矜也廉，今之矜也忿戾；古之愚也直，今之愚也诈而已矣。""狂也肆""狂也荡""矜也廉""矜也忿戾""愚也直""愚也诈"，指人的禀赋、品质、人格也有差异。徐复观认为"生而知之""学而

---

① 陆建华：《王充视界中的儒家人性学说——以〈论衡·本性〉为中心》，《孔孟学报》2013年第91期。

知之""困而学之""困而不学""狂""侗""悾悾""狂""矜""愚","都相当于宋儒所说的气质之性"。①

综上所述,且不论孔子的人性思想是否属于"性三品"说,也不论孔子的人性思想是否同宋儒的"气质之性"接近,从孔子对人的智商进行等级划分,对小人进行种类划分,以及对人的禀赋、品质、人格等方面进行划分,可以推知,孔子对人性问题应该也是有品级划分的。孔子将人性分品级的态度,影响了王充"性三品"说。具体来说,王充"性三品"说是对孔子"中人以上,可以语上也;中人以下,不可以语上也"(《论语·雍也》)、"性相近也,习相远也"(《论语·阳货》)、"唯上知与下愚不移"(《论语·阳货》)的继承与发展。尽管孔子所谓"中人以上"和"中人以下"仅指智力而言,并未指向人性,王充也没能为此找到恰当的理论依据,但是这种"中人""中人以上""中人以下"的划分影响了王充将性分为三品。王充强调"教告率勉"对先天之性的影响是对孔子"性相近也,习相远也"的继承与发展。王充认为人性善恶归根结底由其所禀之"气"决定,禀了善,本性为善;禀了恶,本性为恶。王充以"禀气"厚薄论人性善恶,把人性分为性善、性恶以及处于二者之间的第三类。② 王充所谓人性不可以改变仅是指天生善的"性"和天生恶的"性",处于善、恶之间的"性",则需要通过"教告率勉"使之为善。"中人"之性的好坏善恶,关键在于"习","习"好为好,"习"坏为坏。最善的性和最恶的性,受"习"的影响不明显。不能因为影响较少而忽视影响的存在,更不能因为王充将"教告率勉"对人性影响的范围从"中人"扩大至"中人以上""中人以下"的所有人,而否认王充人性思想是"性三品"说。王充将"性"分为三品,是受孔子"中人以上,可以语上也;中人以下,不可以语上也"(《论语·雍也》)、"唯上知与下愚不移"(《论语·阳货》)的影响;重视"教告率勉"的作用,是受

---

① 徐复观:《中国人性论史·先秦篇》,九州出版社,2014,第72页。
② 陆建华:《王充视界中的儒家人性学说——以〈论衡·本性〉为中心》,《孔孟学报》2013年第91期。

孔子"性相近也，习相远也"（《论语·阳货》）的影响。从孔子到王充，从《论语》到《论衡》，在人性思想方面的确有一定程度的内在传承关系。

二

王充与孟子人性论

《孟子·滕文公上》开篇说："滕文公为世子，将之楚，过宋而见孟子。孟子道性善，言必称尧舜。"这是《孟子》一书中对孟子人性思想最为直接的概括。王充在《论衡·本性》中说："周人世硕以为人性有善有恶，举人之善性，养而致之则善长；恶性，养而致之则恶长。如此，则情性各有阴阳，善恶在所养焉。故世子作《养性书》一篇。宓子贱、漆雕开、公孙尼子之徒，亦论情性，与世子相出入，皆言性有善有恶。"宓子贱和漆雕开是孔子弟子，而公孙尼子据传可能是孔子的弟子或再传弟子，他们生活的年代均早于孟子。《孟子》中又详细记录了孟子同告子关于人性善恶问题的精彩辩论和孟子的学生公都子对孟子性善思想的强烈质疑。可见，孟子在当时的时代背景下论性善有一定社会压力，因此，性善还是性恶，顺理成章地成为《孟子》一书讨论的核心问题。王充在《论衡·本性》中对孟子人性学说做出如下解读：

> 孟子作《性善》之篇，以为人性皆善，及其不善，物乱之也。谓人生于天地，皆禀善性，长大与物交接者，放纵悖乱，不善日以生矣。若孟子之言，人幼小之时，无有不善也。微子曰："我旧云孩子，王子不出。"纣为孩子之时，微子睹其不善之性。性恶不出众庶，长大为乱不变，故云也。羊舌食我初生之时，叔姬视之，及堂，闻其啼声而还，曰："其声，豺狼之声也。野心无亲，非是莫灭羊舌氏。"

> 遂不肯见。及长，祁胜为乱，食我与焉。国人杀食我，羊舌氏由是灭矣。纣之恶，在孩子之时；食我之乱，见始生之声。孩子始生，未与物接，谁令悖者？丹朱生于唐宫，商均生于虞室。唐、虞之时，可比屋而封，所与接者，必多善矣。二帝之旁，必多贤也。然而丹朱傲，商均虐，并失帝统，历世为戒。且孟子相人以眸子焉，心清而眸子瞭，心浊而眸子眊。人生目辄眊瞭，眊瞭禀之于天，不同气也，非幼小之时瞭，长大与人接，乃更眊也。性本自然，善恶有质。孟子之言情性，未为实也。然而性善之论，亦有所缘。一岁婴儿，无争夺之心，长大之后，或渐利色，狂心悖行，由此生也。

在王充视界中，孟子认为人本性都是善的，即便有不善的成分，也是受外界不良风气的影响而产生的。依此理解，人之性只要不为外物所乱，性善就能保持；一旦为外物所乱，性善就会变为性恶，即"人生于天地，皆禀善性，长大与物交接者，放纵悖乱，不善日以生矣"。王充对孟子所谓"人幼小之时，无有不善也"进行了实证反驳："纣为孩子之时，微子睹其不善之性"，长大后为非作歹，并未改变原来的禀性；羊舌食我刚出生之时就发出豺狼之声，长大以后，祁胜作乱，羊舌食我参与其中，羊舌氏因此灭亡。王充认为，"纣之恶，在孩子之时；食我之乱，见始生之声"，孩子刚生下来，还没有与外界事物接触，谁会叫他胡来？由此可见，孟子说人之初性本善是靠不住的。"丹朱生于唐宫，商均生于虞室"，尧、舜时，挨家挨户都有品德高尚到可以受封的人，"丹朱""商均"出生以后的生存环境非常之好，能接触到的人都是善良的百姓和贤能的大臣，"然而丹朱傲，商均虐，并失帝统，历世为戒"。这说明有的人"性恶"是天生的，不是外在环境所造成的。王充由此断定，孟子"人性皆善，及其不善，物乱之也"的观点也是不成立的。所以，王充认为"孟子之言情性，未为实也"。但是，王充对孟子人性思想并未全盘否定，也有部分肯定，即"一岁婴儿，无争夺之心，长大之后，或渐利色，狂心悖行，由此生也"。

《孟子》中关于人性思想最为精彩的论述是孟子同告子的辩论。告子作为与孟子同一时期儒家的代表人物，其人性论思想集中体现在《孟子·告子上》中，其通过对"生之谓性"和"食色，性也"的论述，进而得出"性无善无不善"的结论。告子认为"生之谓性"，人性是人生而固有的。虽然告子本人对"生"的含义和内容未做详细解释，但根据孟子和告子的辩论可以推测，告子的"生"指人生而具有的生理性能，尤其是"食"和"色"。《孟子·告子上》中关于告子人性思想的论述如下：

> 性犹杞柳也，义犹杯棬也。以人性为仁义，犹以杞柳为杯棬。
>
> 性犹湍水也，决诸东方则东流，决诸西方则西流。人性之无分于善不善也，犹水之无分于东西也。
>
> 生之谓性。
>
> 食色，性也。仁，内也，非外也；义，外也，非内也。

告子认为人的本性如同杞柳，义理如同杯棬，把人的本性纳于仁义，如同用"杞柳"来制成"杯棬"。这是告子人性学说的基本观点。告子认为人性是无分善恶的，"杞柳"可以制成"杯棬"，也可以制成其他任何一种物品，所以，人性不一定必然分为善与恶。人性如同"湍水"，缺口在东则向东方流，缺口在西则向西方流，决定权在于缺口而不在于"湍水"。人性无所谓善与不善，就像水无所谓向东流向西流一样。"湍水"可以"决诸东方则东流，决诸西方则西流"，自身却不能"东流""西流"。所以告子说"人性之无分于善不善也，犹水之无分于东西也"。

通过以上论述可知，告子在与孟子的辩论中先表达了"性无善无不善"的观点，后阐述了"生之谓性"和"食色，性也"的论点。告子"生之谓性"命题，认为人天生的资质叫作人性。具体如下：

> 告子曰："生之谓性。"
>
> 孟子曰："生之谓性也，犹白之谓白与？"
>
> 曰："然。"
>
> "白羽之白也，犹白雪之白；白雪之白犹白玉之白与？"
>
> 曰："然。"
>
> "然则犬之性犹牛之性，牛之性犹人之性与？"（《孟子·告子上》）

告子的"生之谓性"指人与生俱来的本原之性，是同犬之性、牛之性相同的自然之性，而孟子与告子辩论的却是仁义之性。二人本身论述的就是两个层面的"性"，所以此处告子无法回答孟子"犬之性犹牛之性，牛之性犹人之性"的反问，孟子也同样无法反驳告子的"生之谓性"。告子所说的人性是人同动物所共有的自然之性，而孟子所揭示的人性不同于犬之性、牛之性，是人之为人的本性。告子在"食色，性也"的命题中，认为饮食男女是人的本性。

仁是内在的而不是外在的，义是外在的而不是内在的。《孟子·尽心下》载，孟子曰："口之于味也，目之于色也，耳之于声也，鼻之于臭也，四肢之于安佚也，性也，有命焉，君子不谓性也。仁之于父子也，义之于君臣也，礼之于宾主也，知之于贤者也，圣人之于天道也，命也，有性焉，君子不谓命也。"人的天性是"口之于味也，目之于色也，耳之于声也，鼻之于臭也，四肢之于安佚也"，但能否享受到口、目、耳、鼻、四肢所带来的"味""色""声""臭""安佚"则有命的作用，所以君子不强调天性。"仁之于父子""义之于君臣""礼之于宾主""知之于贤者"，"圣人之于天道"皆由命决定，最终能否得到"仁""义""礼""知"也有天性的作用，所以君子不强调命的作用。由此可见，孟子在此对人的自然属性和仁义属性做了区分。

王充在《论衡·本性》中对告子的人性思想也有详细的解读：

告子与孟子同时，其论性无善恶之分，譬之湍水，决之东则东，决之西则西。夫水无分于东西，犹人性无分于善恶也。夫告子之言，谓人之性与水同也。使性若水，可以水喻性，犹金之为金，木之为木也，人善因善，恶亦因恶。初禀天然之姿，受纯壹之质，故生而兆见，善恶可察。无分于善恶，可推移者，谓中人也，不善不恶，须教成者也。故孔子曰："中人以上，可以语上也；中人以下，不可以语上也。"告子之以决水喻者，徒谓中人，不指极善极恶也。孔子曰："性相近也，习相远也。"夫中人之性，在所习焉。习善而为善，习恶而为恶也。至于极善极恶，非复在习。故孔子曰："惟上智与下愚不移。"性有善不善，圣化贤教，不能复移易也。孔子，道德之祖，诸子之中最卓者也，而曰"上智下愚不移"，故知告子之言，未得实也。夫告子之言，亦有缘也。《诗》曰："彼姝者子，何以与之？"其传曰："譬犹练丝，染之蓝则青，染之朱则赤。"夫决水使之东西，犹染丝令之青赤也。丹朱、商均已染于唐、虞之化矣，然而丹朱傲而商均虐者，至恶之质，不受蓝朱变也。

王充将告子的"无善无不善"解释为"无善恶之分"。王充认为以水诠释人性是不严谨的，只有用同一人性是完全相同的客观存在做比喻才是合理的。他还认为，人"初禀天然之姿"，所接受的是单纯的资质，生下来就有征兆呈现，"善恶可察"。"中人"之性的善恶不好区分，正因为具有这种不善不恶的性，所以容易改变，只要经过教化就有可能成为性善的人。王充认为，孔子的"中人以上，可以语上也；中人以下，不可以语上也"，是指具有中等以上智力的人，可以告诉他们高深的道理；具有中等以下智力的人，不能够告诉他们高深的道理。告子用"决水"比喻人性，则专指介于"中人以上"和"中人以下"的平常之人。孔子又说"性相近也，习相远也"，认为平常人的人性，在于习气，"习善而为善，习恶而为恶也"，只有"极善极恶"之人，与习气无关，即孔子所说的"惟上智与下愚不移"。王充对告子的人性思想虽然进行了否定,但也承认"告子之言,亦有缘也",认为告子人性思想有其理论渊源,即引自《诗经·鄘风·干旄》的句子:"彼姝者子,何以与之?"其传曰:"譬犹练丝,染之蓝则青,染之朱则赤。"白色的丝,用青色的染料去染它就成为青色,用红色的染料去染它就成为红色。告子所说的挖个决口让水向东流或向西流,就如同把白色的丝染成青色或红色。王充虽然替告子找到了理论渊源,但依然秉着"疾虚妄"的治学态度,举实例论证了这种理论的不可靠。王充认为像丹朱、商均之类本该被尧、舜高尚的品德所浸染改变,然而丹朱傲慢、商均暴虐,可见,"至恶之质,不受蓝朱变也",即最恶劣的本性,不会有类似白丝被染成青色或红色的变化。

总之,王充对"性"的理解与孟子不同,孟子从"人之异于禽兽"的角度谈"性",王充则从人生而具有、禀气而成的角度谈"性"。从本质上看,王充未能正确理解孟子所说的"性"。关于告子的人性学说,王充认为其指向的仅仅是"中人",为了论证"中人"之性是可以改变的,王充引用了孔子的人性思想,强调"习"的作用。王充对孟子和告子人性学说的批判,是以自己的人性学说为基础的,却忽视了孟子以心言性、告子以生言性。王充对孟子、告子人性思想的解读是片面的,所以,他对孟子、告子人性思想的批判也不可能成立。

三

王充与荀子人性论

荀子人性思想与孟子相反,孟子认为性本善,荀子认为性本恶。荀子认为人性是"生之所以然者"(《荀子·正名》),指的是人的先天本性。荀子人性思想的主要内容是情欲。《荀子·正名》:"性之好恶喜怒哀乐谓之情。""情者,性之质也;欲者,情之应也。"《荀子·性恶》还认为:"人之性恶,其善者伪也。"荀子虽然认为人性本恶,但依然认为人性可以通过个体主观努力而转变为善。

《荀子·正名》:"性者,天之就也;情者,性之质也;欲者,情之应也。""性"指人的自然性,"情"指喜、怒、哀、乐等,"欲"指与外界事物发生交感之后而产生的心理倾向。荀子指出了"性""情""欲"三者的不同。荀子在《荀子·性恶》开篇提出"人之性恶,其善者伪也",认为人性本恶,恶是天生的,善是人为的,所以需要后天的教育引导,使之向善。《荀子·性恶》:"今之人性,生而有好利焉,顺是,故争夺生而辞让亡焉;生而有疾恶焉,顺是,故残贼生而忠信亡焉;生而有耳目之欲,有好声色焉,顺是,故淫乱生而礼义文理亡焉。然则从人之性,顺人之情,必出于争夺,合于犯分乱理,而归于暴。故必将有师法之化,礼义之道,然后出于辞让,合于文理,而归于治。用此观之,然则人之性恶明矣,其善者伪也。"人的本性是生而"好利","顺"着这种本性,人与人之间则无"辞让";人一出生就"有疾恶","顺"着这种本性则会失去"忠信";人生来就有爱好声色的本能,"顺"着这种本性"礼义文理"则会缺失。可见,放纵人的本性,"顺"着人的情欲,就会发生不好的事情,所以,需要"师法之化,礼义之道",才可以"合于文理,而归于治"。可见,人性本恶,善良的行为都是经过后天教化而成的。

荀子一方面认为人性本恶,另一方面又认为人性并非终身为恶。《荀子·荣辱》中说:"凡人有所一同:饥而欲食,寒而欲暖,劳而欲息,好利而恶害,是人之所生而有也,是无待而然者也,是禹桀之所同也。目辨白黑美恶,耳辨声音清浊,口辨酸咸甘苦,鼻辨芬芳腥臊,骨体肤理辨寒暑疾养,是又人之所常生而有也,是无待而然者也,是禹桀之所同也。可以为尧禹,可以为桀跖,可以为工匠,可以为农贾,在埶(势)注错习俗之所积耳。"人有共同的属性,如"饥而欲食,寒而欲暖,劳而欲息,好利而恶害",这些都是人生来就有的本性,无须学习就会如此,即使是禹、桀也同样如此。"目辨白黑美恶,耳辨声音清浊,口辨酸咸甘苦,鼻辨芬芳腥臊,骨体肤理辨寒暑疾养",这些也是人生来就有的本性,无须学习就会如此,即使是禹、桀也同样如此。人们凭借这些本性和资质"可以为尧禹,可以为桀跖,可以为工匠,可以为农贾",区别只在于每个人行为方式和习惯的积累不同而已。

王充在《论衡·本性》中对荀子人性思想也有解读：

> 孙卿有反孟子，作《性恶》之篇，以为"人性恶，其善者，伪也"。性恶者，以为人生皆得恶性也；伪者，长大之后，勉使为善也。若孙卿之言，人幼小无有善也。稷为儿，以种树为戏；孔子能行，以俎豆为弄。石生而坚，兰生而香。生禀善气，长大就成，故种树之戏，为唐司马；俎豆之弄，为周圣师。禀兰石之性，故有坚香之验。夫孙卿之言，未为得实。然而性恶之言，有缘也。一岁婴儿，无推让之心，见食，号欲食之，睹好，啼欲玩之。长大之后，禁情割欲，勉厉为善矣。

王充认为，荀子责难孟子的性善说并提出自己的性恶说，认为"人性恶，其善者，伪也"。"性恶"，指人刚生下来都具有恶劣的本性；"伪"，指人长大之后，努力使自己行为善良。王充认为，荀子说人幼小的时候不会有善良的行为，也是不客观的。王充还以禀气说批评荀子的性恶说。"石生而坚，兰生而香。生禀善气，长大就成。"石头禀受了石头的本性所以坚硬，兰草禀受了兰草的本性所以清香，人出生时禀受了"善气"，长大以后也会成为善人。后稷在孩童时期，以种植当作戏耍，成了尧时掌管农业的司马；孔子在刚会走路的时候，便以陈设俎豆当作游戏，成了东周时的圣贤之师。后稷与孔子是最好的例子，所以王充说"孙卿之言，未为得实"。王充也替荀子的性恶说找到了缘由，"一岁婴儿，无推让之心，见食，号欲食之，睹好，啼欲玩之"，长大以后，就会克制感情，去掉私欲，努力使自己磨炼成为善良的人。《荀子·性恶》开篇提出"人之性恶，其善者伪也"。虽然荀子认为人性是恶的，但也肯定了人通过后天努力可以变恶为善。王充虽未对荀子人性思想的内容进行详细的论述，但通过"一岁婴儿，无推让之心，见食，号欲食之，睹好，啼欲玩之。长大之后，禁情割欲，勉厉为善矣"一句便可知晓荀子人性思想的大概：人年幼之时由于道德属性不明显，所以表现得自私自利，长大以后道德属性逐渐明显，开始懂得克制情感，向善而行。

不仅如此，王充还认为礼乐之所以存在，是因为人有性与情：

> 情性者，人治之本，礼乐所由生也。故原情性之极，礼为之防，乐为之节。性有卑谦辞让，故制礼以适其宜；情有好恶喜怒哀乐，故作乐以通其敬。礼所以制，乐所为作者，情与性也。昔儒旧生，著作篇章，莫不论说，莫能实定。（《论衡·本性》）

情指人的喜怒哀乐等情感，性指人先天具有的道德属性。在王充看来，情与性都是人在娘胎里承受厚薄不同的气所形成的。情性，是治理人的根本，礼乐制度就是由此制定出来的。王充特意分析了情性发展到极端的后果，然后用礼来防范，用乐来节制。性有卑谦辞让，所以制礼以便适合其亲善；情有好恶喜怒哀乐，所以作乐以便得到严肃的表达。制礼作乐的根据，是人的情和性。过去的儒生写文章，没有不论说的，却没有一个人能得出正确的结论。王充认为礼乐制度可以使人免于误入歧途，具有一定的教化作用。"善则养育效率，无令近恶；恶则辅保禁防，令渐于善。"（《论衡·率性》）王充这一思想本于《荀子·乐论》，认为音乐和礼制在教化中均有巨大的作用，只是音乐与礼制发挥功用的形式不同，音乐可以使人沟通，礼制则可以使人有所区别。

> 故乐行而志清，礼修而行成。耳目聪明，血气和平，移风易俗，天下皆宁，莫善于乐。故曰：乐者，乐也。君子乐得其道，小人乐得其欲。以道制欲，则乐而不乱；以欲忘道，则惑而不乐。故乐者，所以道乐也。金石丝竹，所以道德也。乐行而民向方矣。故乐者，治人之盛者也，而墨子非之。且乐也者，和之不可变者也；礼也者，理之不可易者也。乐合同，礼别异。礼乐之统，管乎人心矣。穷本极变，乐之情也；著诚去伪，礼之经也。（《荀子·乐论》）

荀子认为，推行音乐后，人的志向就会高洁，遵循礼制后，人的德行就能养成。使人耳聪目明，感情温和平静，改变风俗，天下安宁，没有什么比音乐更好了。所以说，音乐，就是欢乐的意思。君子因从音乐中获得道义而欢乐，小人因从音乐中满足欲望而欢乐。以"道"控制欲望，会欢乐而不淫乱；为满足欲望而忘记道义，就会迷惑而不快乐。所以音乐是用来引导人们娱乐的。"金石丝竹"是用来引导人们修养道德的。音乐推行后民众就向往道义了。所以音乐是治理人民的工具，墨子却反对音乐。音乐是协调人情时不可变更的手段，礼制是治理社会时不可更换的原则。音乐使人们同心同德，礼制使人们有等级差异。礼制、音乐的纲领，可以开阔人的思想。深入地触动、极大地改变人的心性，是"乐之情"；彰明真诚、去掉虚伪，是"礼之经"。

荀子的"性"指的是人与其他生物相同、生而具有的本性，即"凡性者，天之就也，不可学，不可事"（《荀子·性恶》），这里的"性"指的是本能、生理欲望和心理欲望等，也就是人的动物性。荀子认为，无论善恶都应该加以节制，使之合于礼义，即"化性起伪"。王充却仅从"人幼小无有善"这一点来反驳荀子，有点强词夺理。从本质上看，王充未能推翻荀子的"性恶"说。

尽管王充的人性思想建构在孔子人性论的基础之上，但其对孟子、荀子人性思想仍有一定的采纳。如"余固以孟轲言人性善者，中人以上者也；孙卿言人性恶者，中人以下者也"（《论衡·本性》）。王充认为，孟子说人性是善的，指的是中等才智以上的人；荀子说人性是恶的，指的是中等才智以下的人。不仅如此，王充还认为，如果只是为了让人的行为与经书和道义相符合，那么，孟子和荀子的人性思想都可以作为施行教化的依据，即"若反经合道，则可以为教"；但若从充分阐明人性理论的角度来评论的话，孟子和荀子的论述是不够全面的。由此可见，王充将孟子和荀子的人性思想视为其"性三品"说理论体系中的两个部分。

四

王充与老、庄人性论

学界普遍认为王充人性学说主要来源于孔子人性学说。但是，笔者认为，我们不仅要看到王充人性学说对孔子人性学说的继承与发展，还要看到老子"自然"学说对王充人性思想产生的影响。李维武认为："王充思想的基础是他的自然观，这不仅是因为他强调了自然界的客观性，以此作为人的生存前提，而且更在于他把人的生存也看作自然发展的一个部分，力图以自然界的客观性来说明人的存在。正是立基于此，王充展开了他对人生、历史、知识的理解。"① 由王充自然观是其人性学说的基础且来源于老子"自然"学说可推知，王充人性学说也受到了老子"自然"学说的影响。牟宗三先生认为："道家将气性、自然之质、气一起融于自然生命中，而就自然生命原始之浑朴以言性，是性亦沉在下者，工夫则在心上作，心亦是越乎性而在性上者。唯对性之态度，则在养而不在冶。"② 他还认为："王充，虽就气以言性，然根本未自觉到心之地位与作用。此其所以为下乘，而终于为材质主义、命定主义也。"③ 由此可见，牟宗三先生也认为王充以气释性受到了道家思想的影响。

王充受老子"自然"学说的影响，以气释性，对宋儒气质之性亦有影响。王充认为人的本性无论善恶都可以改变，而实现这种先天之性转变的关键在于后天的"教告率勉"。所以，王充尤其重视教育的引导、法制的规范、先进人物的表率以及环境的浸润作用。王充以气释性、以气释命的理论前提是老子的"自然"学说和"气自然"论。王充人性思想体系中还有另外三个特别重要且相互关联的概念，即"气""性""命"。"气"是

---

① 李维武：《王充与中国文化》，贵州人民出版社，2000，第39页。
② 牟宗三：《才性与玄理》，广西师范大学出版社，2006，第21页。
③ 牟宗三：《才性与玄理》，广西师范大学出版社，2006，第21页。

王充人性思想体系中最为重要的概念，"性"与"命"都由"气"所构成，有相同之处也有不同之处。

（一）以气释性

"气"是中国哲学的重要范畴，也是王充哲学的重要概念。金春峰认为王充哲学思想的核心是元气自然论①，李维武认为王充自然观的基础是元气论②，徐复观认为王充人性论具有唯气的特性③，曾振宇认为："在中国气论哲学史上，王充是非常重要的代表人物。他是第一个以气为哲学第一范畴来建构思想体系的哲学家。其气论在理论上已趋成熟，在体系上已臻至完善。"④王充在《论衡》中常将"气"与"元气"混用，"气"与"元气"在王充那里是可以同等对待的。王充认为"气"是"构成人和万物的物质元素，是天地星宿这种物质实体在不断的运动中自然而然施放出来的"⑤。《论衡》中有许多关于"气"的论述。《论衡·超奇》："天禀元气。"《论衡·自然》："天之动行也，施气也，体动气乃出，物乃生矣。"《论衡·无形》："人禀元气于天。"《论衡·命义》："人禀气而生，含气而长。"《论衡·订鬼》："夫人所以生者，阴、阳气也。"《论衡·本性》："人禀天地之性，怀五常之气。"《论衡·四讳》："元气，天地之精微也。"以上种种，体现了元气论在王充思想体系中的重要地位。张立文先生认为："万物和人类的自生自为，总离不开气。"⑥"气成为天与人生物生子的中介，不仅天与人的活动不能离气，而且天与人本身蕴涵着气。"⑦《说文解字》将"元气"之"元"释为"始也。从一从兀"。徐锴注曰："元者，善之长也，故从一。""元"有根源、原始、初始之意。依此解释，"元

---

① 金春峰：《汉代思想史》，中国社会科学出版社，1997，第510页。
② 李维武：《王充与中国文化》，贵州人民出版社，2000，第43页。
③ 徐复观：《两汉思想史》（二），九州出版社，2014，第582页。
④ 曾振宇：《中国气论哲学研究》，山东大学出版社，2001，第99页。
⑤ 北京大学历史系《论衡》注释小组：《论衡注释》，中华书局，1979，第205页。
⑥ 张立文：《王充的天人之间》，《杭州师范大学学报》（社会科学版）2010年第6期。
⑦ 张立文：《王充的天人之间》，《杭州师范大学学报》（社会科学版）2010年第6期。

气"是万事万物的根源,是产生天地万物的物质基础。这种物质基础是天地间最"精微"的东西,更是万物之所以存在的物质基础。在王充视界中,"气"与"元气"也是此意。

> 天之动行也,施气也,体动气乃出,物乃生矣。由人动气也,体动气乃出,子亦生也。夫人之施气也,非欲以生子,气施而子自生矣。天动不欲以生物,而物自生,此则自然也;施气不欲为物,而物自为,此则无为也。(《论衡·自然》)
>
> 天之行也,施气自然也,施气则物自生,非故施气以生物也。天不动,气不施,气不施,物不生,与人行异。日月五星之行,皆施气焉。(《论衡·说日》)

"天之行"可以自然而然地"施气","天不动,气不施","气不施,物不生",可见,天地万物的存在方式就是天地万物循环运动。"施气则物自生",天地万物循环运动的结果是生成万物,原因是"施气"。"天之动行"和"施气"作为一个自然的运动过程,是互为因果、自我满足的。[①] 天生万物、夫妇生子女都以"气"为中介而得以实现。"天动"并非为了"生物",物却因"天动"而"自生";"施气"也并非为了"为物",物却禀气而"自为"。换言之,"天之动行"和"施气"都是无意识、无目的的,是"自然""无为"的。"天之行"是在自然而然地"施气","施气"过程中万物会自然而然地产生,天不是有意"施气"产生万物的。天不动,则气不施,气不施,就不会产生万物。换言之,天"施气"不是天有意识的行为,而是自然而然的运动过程。天是"含气之自然",天与气都是"自然无为"的物质存在,由"天之动行也,施气也"一句可知,气是由"天之动行"而自然产生的。就是说,气源于天,源于"天之动行"。

---

① 董平:《浙江思想学术史——从王充到王国维》,中国社会科学出版社,2005,第7页。

由"气乃出，物乃生"一句可知"气"是天创生万物的物质载体，这里的天是造物者。虽然天是造物者只是笔者拟人的描述，王充的天是"含气之自然"，并无精神属性，是"自然无为"的存在，但是，在王充视界中，天确实具有造物的功能。综上可知，天是"自然无为"的存在，"天之动行"是"自然无为"的，天"施气"是"自然无为"的，天创生万事万物也是"自然无为"的。《论衡·自然》："天地合气，万物自生。"万物之所以存在，是因为天地之"合气"。这种"合气"一方面决定了其构成某一物体的本性，另一方面也说明了其在天地万物循环过程中的不可替代性。从王充一再强调天生万物是"自然无为"的可知，"气"与"自然无为"在王充哲学体系中都是非常重要的概念。

王充将世界的物质构成分为两大类：一是有形的"物"（又称"形""体"），二是无形的"气"（又称"元气"）。① 人也是禀受"元气"而生的一种物。《论衡·辨祟》："人，物也，万物之中有知慧者也。其受命于天，禀气于元，与物无异。"人的存在同天地之间他物的存在相同，都由"气"构成，"气"有聚有散，人有生有死，禀气有厚有薄，人性有善有恶。故在人性问题上，王充以禀气的厚薄来论述人性的善恶，如："用气为性，性成命定"（《论衡·无形》）；"禀气有厚泊，故性有善恶"（《论衡·率性》）；"夫天地合气，人偶自生也，犹夫妇合气，子则自生也。夫妇合气，非当时欲得生子，情欲动而合，合而生子矣。且夫妇不故生子，以知天地不故生人也。然则人生于天地也，犹鱼之于渊，虮虱之于人也，因气而生，种类相产。万物生天地之间，皆一实也"（《论衡·物势》）。"用气为性"是王充人性思想的特点之一，"禀气有厚泊，故性有善恶"是王充人性思想的基本观点。王充以"用气为性"为基础，虽提出"性有善恶"的主张，却认为"性"是可以改变的。牟宗三先生认为："王充就气以言性命，其所言之性自是'自然之质'之气性。气性自是有善有恶，而

---

① 李维武：《王充与中国文化》，贵州人民出版社，2000，第41~43页。

善恶只是自然之质之倾向。其成为善或成为恶，需待后来之'养而致'。"①由此可知，"性有善恶"的主张，只是一种天生的倾向，后天的"养而致"才是使其真正为善或为恶的根源。

（二）用气为性，性成命定

《论衡·无形》："人禀元气于天，各受寿夭之命，以立长短之形，犹陶者用土为簋庑，冶者用铜为桦杆矣。器形已成，不可小大；人体已定，不可减增。用气为性，性成命定。体气与形骸相抱，生死与期节相须。形不可变化，命不可减加。以陶冶言之，人命短长，可得论也。"王充认为人从天禀受元气，各自接受自己的寿命，形成高矮不同的形体，形体不能改变，寿命不能缩短与延长。此即王充所谓"用气为性，性成命定"。张立文先生认为："王充从宣汉的价值观出发，展开性与命的诠释和陈述。"② 笔者认为，其一，王充为"性"与"命"找到了共同的根据——"气"，"性"与"命"都禀气而生，禀气的厚薄决定了"性"的善恶、"命"的好坏；其二，在谈论人性问题时，王充常将"性""命"连用，有时甚至认为"性""命"一体。王充虽然多次将"性""命"连用，但是，从本质上看，"性"与"命"既有联系又有区别。

王充还认为："命，吉凶之主也。自然之道，适偶之数，非有他气旁物厌胜感动使之然也。"（《论衡·偶会》）这句话较全面地概括了王充对"命"的理解。"命"是吉与凶的主宰，人之贵贱与福祸都是命中注定、不可改变的。在此基础上，王充进一步解释了自然界和人类社会的一切现象都是事物在自身发展过程中自然形成的。

> 世谓子胥伏剑，屈原自沉，子兰、宰嚭诬谗，吴、楚之君冤杀之也。偶二子命当绝，子兰、宰嚭适为谗，而怀王、夫差适信奸也。君适

---

① 牟宗三：《才性与玄理》，广西师范大学出版社，2006，第21页。
② 张立文：《王充的天人之间》，《杭州师范大学学报》（社会科学版）2010年第6期。

> 不明，臣适为谗，二子之命偶自不长。二偶三合，似若有之，其实自然，非他为也。夏、殷之朝适穷，桀、纣之恶适稔；商、周之数适起，汤、武之德适丰。关龙逢杀，箕子、比干囚死，当桀、纣恶盛之时，亦二子命讫之期也。任伊尹之言，纳吕望之议，汤、武且兴之会，亦二臣当用之际也。人臣命有吉凶，贤不肖之主与之相逢。文王时当昌，吕望命当贵；高宗治当平，傅说德当遂。非文王、高宗为二臣生，吕望、傅说为两君出也，君明臣贤，光曜相察，上修下治，度数相得。（《论衡·偶会》）

贤者伍子胥、屈原之死，奸臣谗言只是部分原因，恰巧他们"命当绝"也是部分原因，另一部分原因则是他们遇到了不贤明的君王。表面上看起来似乎有"他气""旁物"的影响，其实三种因素在一起只是顺应自然而已，并未受"他气""旁物"的影响。换言之，导致伍子胥、屈原之死的三种因素缺少任何一种，都不会产生这种结果。人有命，国亦有国命。以此类推，夏和殷的气数正好穷尽，而正巧遇到桀、纣作恶多端；商和西周的气数正好兴起，而正巧汤、武贤德。"昴星低时火星出，昴星见时火星伏"（《论衡·偶会》），并不是火星的特性压制了昴星，只是昴星与火星出没的时间恰巧相反；"父殁而子嗣，姑死而妇代"（《论衡·偶会》），也并非儿子的继承、媳妇的代替使父亲、婆婆死去，只是按老少年龄顺序自然继承；植物在春天发芽，在夏天生长，在秋天成熟衰老，然后自然枯萎死去，并非受"秋气击杀"，只是秋季的寒气恰巧旺盛而已；因为杀人而该判死刑之人，正好遇到贤君的赦免令而得以幸免，并非上天不让他死而使君王颁下赦免令，而是因为贤君颁下了赦免令，囚徒恰巧遇到了赦免令，所以才能免于一死。由此可见，"他气""旁物"这种看似有为的外在因素，本质上是偶然的，是"自然无为"的。

王充常将"性""命"连用，如"命，谓初所禀得而生也。人生受性，则受命矣。性、命俱禀，同时并得，非先禀性，后乃受命也"（《论衡·初禀》）。"命，谓初所禀得而生也"，人在获得生命的同时也获得了"命"，人之"命"该如何、人之"性"该如何，在最初禀受自然之气时就已经安排好，人得到"性"的同时也得到了"命"。"性""命"一起禀受，并非先禀受性，后禀受命。"凡人受命，在父母施气之时，已得吉凶矣"，人"命"之好坏与"性"之善恶，在娘胎中禀受自然之气时就一起形成，由于禀气不同，便有了不同的"性"与"命"。"鸟之别雄雌于卵壳之中"如此，草木"长短巨细""生于实核"亦如此，"王者禀气而生"（《论衡·初禀》）也不例外。天"施气"与人"禀气"都是"自然无为"的，并非上天有意为之。

"性"与"命"又是不同的。《论衡·命义》："夫性与命异，或性善而命凶，或性恶而命吉。操行善恶者，性也；祸福吉凶者，命也。或行善而得祸，是性善而命凶；或行恶而得福，是性恶而命吉也。性自有善恶，命自有吉凶。使命吉之人，虽不行善，未必无福；凶命之人，虽勉操行，未必无祸。"王充认为性与命也有不同。操行品德的好坏，是"性"；遇到的祸福凶吉，是"命"。有的人"性善"而"命凶"，有的人"性恶"而"命吉"。"行善而得祸"之人"性善而命凶"，"行恶而得福"之人"性恶而命吉"。所以，"性"有善有恶，"命"亦有吉有凶。基于此，王充提出了"命有二品"说。

（三）性分三品

王充将"性"分成三类："有正，有随，有遭。"（《论衡·命义》）"正者，禀五常之性也"（《论衡·命义》），正性，天生就禀仁、义、礼、智、信，这种"性"是天生善的，是自然的；"随者，随父母之性"（《论衡·命义》），随性，是顺从父母之性，可以为善可以为恶，完全取决于父母；"遭者，遭得恶物象之故也"（《论衡·命义》），遭性，是遭受恶物的性，这种"性"是天生恶的。

《论衡·本性》："实者人性有善有恶，犹人才有高有下也。高不可下，下不可高。谓性无善恶，是谓人才无高下也。禀性受命，同一实也。命有贵贱，性有善恶。"人性有善有恶，与人的才能有高有低一样。认为人性无善恶之别，就是否认人的才能有高低之分。"命"与"性"都禀气而成。"命"有贵贱之分，"性"亦有善恶之别。假设人之"性"没有善恶之别，那么人之"命"也就没有贵贱之分。综上可知，禀自然之气而生的人的才华有高有低，定有介于高低之间的中等的才华；禀自然之气而生的人之"命"有贵有贱，定有介于贵贱之间的中等的"命"；禀自然之气而生的人之"性"有善有恶，定有介于善恶之间的中等之"性"。《论衡·本性》："性善者，不待察而自善；性恶者，虽能察之，犹背礼畔义。"性善之人，不等待明察就可以自然从善；性恶之人，虽能明察到善，但仍然做违背礼义之事。如盗跖会指责别人偷窃，庄跷会斥责别人贪得无厌，他们都清楚地知道礼义的重要性，嘴里也会谈论圣贤的道理，自己却不去践行，这是他们的本性使然。《论衡·本性》："无分于善恶，可推移者，谓中人也，不善不恶，须教成者也。"除了在娘胎中禀受自然之气形成的纯善纯恶的本性以外，还有一种处于二者之间的不善不恶的"中人"之性。这种"中人"之性只要通过教育的引导就能成为善的性。

《老子》第六十四章："以辅万物之自然而不敢为。"辅助万物自然而然地发展，而不勉强地去辅助。这里主张的是对自然规律的遵循、对自然的敬重，反对逆天而行、违背自然。事物的本性如此，人的辅助只能顺性而为，不能违背自然和本性。王充也有类似"以辅万物之自然而不敢为"的思想。《论衡·自然》："然虽自然，亦须有为辅助。耒耜耕耘，因春播种者，人为之也。及谷入地，日夜长大，人不能为也。或为之者，败之道也。宋人有闵其苗之不长者，就而揠之，明日枯死。夫欲为自然者，宋人之徒也。"万物的产生都是顺应"自然"、顺应本性的，但还需要人有意识的行为给予辅助。这种辅助不是去改变万物的本性，而是在顺应本性的基础之上进行，任何不顺应本性的辅助都会伤害到本性。"然虽自然，亦须有为辅助"，王充在这里看到了后天的"教告率勉"对人性的影响。"人禀天地之性，怀五常之气"（《论衡·本性》），所以人性有善有恶。孟子的性善论，指向的是具有中等以上智力的人；荀子的性恶论，指向的是只有中等以下智力的人；告子的性无善恶论和扬雄的性善恶兼有论指向的是"性相近"的平常人。"极善极恶"的"性"不能改变，平常人的"性"可以随习气而改变，"习善而为善，习恶而为恶"（《论衡·本性》）。王充还认为人之"性"可以通过引导改变。"性"由人禀受气而形成，"禀气有厚泊，故性有善恶"（《论衡·率性》），"人之性，善可变为恶，恶可变为善"（《论衡·率性》），"亦在于教，不独在性也"（《论衡·率性》）。而实现这种转变的关键在于"教告率勉"（《论衡·率性》）。就是说，应当"学校勉其前，法禁防其后"（《论衡·率性》），重视教育的作用和法制的力量；"尧舜之民，可比屋而封；桀纣之民，可比屋而诛"（《论衡·率性》），"圣主之民如彼，恶主之民如此"（《论衡·率性》），先进人物的表率和榜样作用也不能忽视；"蓬生麻间，不扶自直；白纱入缁，不染自黑"（《论衡·程材》），环境的浸渐也值得注意。王充的人性学说有一定的教育意义，尤其是王充的"教告率勉"，虽然说的是人性问题，强调的却是教育的作用。王充认为人禀气而成，也因气而异，人性也禀气而成，亦因气而异，人性之所以有善有恶，是因为人性所禀之气有厚有薄。可见，王充看到了人与人之间的这种差异，并强调可以通过"教告率勉"来消除这种差异。人性善恶，只是一种天生的倾向，后天的"养而致"才是为善为恶的根源。"养而致"则是通过后天"教告率勉"来实现的。"教告率勉"的"辅助"还可以引导人改变人之"性"，使恶变为善。人天生具有向善的本能，天生具有追求真、善、美的愿望，所以，利用"教告率勉"对人性的影响，可以促进恶变为善，防止善变为恶，就是说"教告率勉"可以"辅助"人性向善发展，使道德日臻完善。王充人性思想中的"学校勉其前，法禁防其后"，对今天我国深化司法体制改革和教育体制改革也有一定的借鉴意义。

综上所述，王充认为包括人在内的天地万物都由"气"构成。这一方面是为了支撑"天道自然无为"思想，另一方面是论述性与命的需要，是为了以气释性与以气释命。"自然"既是道家思想的核心，也是王充人性思想的核心。

第四章

CHAPTER 4 认识论

王充视界中的先秦儒家认知思想是以其本人的认知思想为标杆的,他对于先秦儒家认知思想的理解与评判、继承与发展都以自己的认知思想为参照。王充认为学习是获得知识的唯一途径,学习的唯一目的是使用,即学以致用。《论衡·实知》:"人才有高下,知物由学。学之乃知,不问不识。"人的才智有高有低,只有通过学习才能认识事物,不请教他人也不能认识事物,这就是孔子说的"学而知之"。王充认为圣人不是天生的,而是"须学以圣",反对俗儒评论圣人可以"前知千岁,后知万世,有独见之明,独听之聪,事来则名,不学自知,不问自晓"(《论衡·实知》),认为"圣人不能神而先知"(《论衡·知实》)。《论衡·知实》:"凡论事者,违实不引效验,则虽甘义繁说,众不见信。论圣人不能神而先知,先知之间,不能独见,非徒空说虚言,直以才智准况之工也,事有证验,以效实然。"凡论述事理之人,如果其论述违背事实而又举不出证据,即使道理说得再多、再动听,大家都不会相信。王充认为"圣人不能神而先知,先知之间,不能独见"并非"空说虚言",不是只凭才智加以推论,而是以事实作为依据推断出来的。王充还认为"天地之间,含血之类,无性知者";"圣贤不能性知,须任耳目以定情实";"不学自知,不问自晓,古今行事,未之有也"(《论衡·实知》)。所谓"达视洞听之聪明"(《论衡·实知》)和"先知之见方来之事"(《论衡·实知》),都是"案兆察迹,推原事类","如无闻见,则无所状"(《论衡·实知》)。之所以有圣人先知的说法,是因为圣人可以"阴见默识,用思深秘","先时闻见于外"(《论衡·实知》)。

王举忠认为:"在王充的认识论中贯穿着三条基线。也是贯穿中国古代认识论的三条基线。其一是知行关系；其二是耳目之知与心知关系；其三是检验认识的方法与标准。"① 在王充视界中，"天下之事""世间之物"都是认识的对象。王充反对儒家"生而知之"说，并提出"实知"说和"知实"说。他认为只有"耳目"接触事物之后才有认识，而认识又要用客观事物来检验。王充强调"不徒耳目，必开心意"（《论衡·薄葬》），只有"耳目"与"心意"相结合，才能辨明虚实，判定是非。

王充在继承孔子认识论的过程中，舍弃了孔子的"生而知之"说，认为圣人不能先知，同时王充还选择性地吸收了孔子认识论中关于学与思、知与行的思想。孟子对"耳目之官"与"心之官"的职能进行了区分，这种区分对王充认识论的形成也有较大的影响。荀子是在认识论方面对王充影响最大的思想家，他对先秦儒家认识论进行了总结性的吸收，不仅谈及知与行的问题，而且提出以"符验"来检验认识的对与错的观点。总之，孔子、孟子、荀子在认识论方面都对王充产生过影响，王充也正是在此三人认识论的基础上构建了自己系统而完整的认识论。笔者认为，认知理论在王充思想体系中是最有价值的理论。

一

王充与孔子认识论

王充在继承孔子认识论的过程中，舍弃了孔子的"生而知之"说，有选择性地吸收了孔子认知理论中关于学与思、知与行的思想，并认为圣人不能先知。同时，王充对孔子的"生而知之"说进行了强烈的批判与指责。王充一方面看到了人在才智高低方面有较大的区别，另一方面又肯定学习的重要性，认为如同孔子般的圣贤之人也要注重后天的学习。

---

① 王举忠：《王充论》，辽宁大学出版社，1991，第118页。

> 人才有高下，知物由学。学之乃知，不问不识。子贡曰："夫子焉不学，而亦何常师之有？"孔子曰："吾十有五而志乎学。"五帝、三王，皆有所师。曰："是欲为人法也。"曰：精思亦可为人法，何必以学者？事难空知，贤圣之才能立也。所谓神者，不学而知。所谓圣者，须学以圣。以圣人学，知其非神。天地之间，含血之类，无性知者。狌狌知往，鸲鹊知来，禀天之性，自然者也。（《论衡·实知》）

可见，王充认为"人才有高下，知物由学"，只有通过学习才能获得知识，不请教别人就无法认识事物。子贡认为孔子无时无处不在学习，所以不需要固定的老师；孔子本人说自己"十有五而志乎学"；五帝、三王"皆有所师"。可见，像孔子、五帝、三王这样的圣贤也都有老师，都靠向前人请教而获得知识。"狌狌知往，鸲鹊知来"，是因为它们承受了天的本性，自然如此而已。"所谓神者，不学而知。所谓圣者，须学以圣"，圣人是人不是神，所以，圣人也需要学习，圣贤的才能需要通过学习才能具备。

> 孔子见窍睹微，思虑洞达，材智兼倍，强力不倦，超逾伦等，耳目非有达视之明，知人所不知之状也。使圣人达视远见，洞听潜闻，与天地谈，与鬼神言，知天上地下之事，乃可谓神而先知，与人卓异。今耳目闻见，与人无别；遭事睹物，与人无异，差贤一等尔，何以谓神而卓绝！夫圣犹贤也，人之殊者谓之圣，则圣贤差小大之称，非绝殊之名也。（《论衡·知实》）

孔子之所以可以看到细微而不明显的事物，思考问题透彻，是因为孔子的才智高出普通人许多，又努力不懈，而并非视力超群，能知晓他人所不能知晓的东西。圣人为学的手段也是依靠耳闻目见，与普通人并无差别；遇到的事情、看到的东西，与普通人也没有任何不同，只是认识能力比贤人略微高明一点而已。圣人与贤人并无明显的区别，只是称号不同而已。由此可见，在王充视界中，圣人与普通人一样，都要通过后天学习才能获得知识，圣人与普通人的区别只在于学习时所付出的努力程度不同。王充还认为圣人不过是知识比较丰富、道德比较高尚的人而已，普通人只要努力学习就可以达到圣人的水平。王充对人有先天的才能和"上智下愚不移"进行了否定，将孔子与普通人相提并论的做法，在当时是十分大胆的。

王充反对俗儒评论圣人可以"前知千岁，后知万世，有独见之明，独听之聪，事来则名，不学自知，不问自晓"（《论衡·实知》），即反对圣人知晓千年之前和万年之后的事情，有独到的眼力和听力，具有非同一般的洞察和辨别事物的能力，事物一出现就可以知道"名"，不学便可以"自知"，不问便可以"自晓"。王充认为这是对圣人的过度神化，更是虚妄之言。可以说，在认知方面，王充是一边否认孔子"生而知之"的观点，一边吸纳孔子"学而知之"的观点。例如，《论语·季氏》载，孔子曰："生而知之者上也，学而知之者次也；困而学之，又其次也；困而不学，民斯为下矣。"孔子将人分为"生而知之""学而知之""困而学之""困而不学"四类。对此，《中庸》第二十章中有更为详细的论述："或生而知之，或学而知之，或困而知之，及其知之一也；或安而行之，或利而行之，或勉强而行之，及其成功一也。子曰：'好学近乎知，力行近乎仁，知耻近乎勇。'"《中庸》认为孔子的"生而知之""学而知之""困而知之"本质上是一样的，因为最终都可以知道；"安而行之""利而行之""勉强而行之"本质上也是一样的，因为最终都可以实行。孔子认为喜欢学习就接近了智，努力实行就接近了仁，知道羞耻就接近了勇。可见，在孔子视界中，是有"生而知之"和"学而知之"之分的。换言之，孔子的认知理论中有"生而知之"也有"学而知之"，但是，结合孔子的言行可以推断，孔子本人明显更重视"学而知之"的认知方法。如《论语·述而》："我非生而知之者，好古，敏以求之者也。"正是由于孔子重视后天学习，儒家特别重视学习和教育的作用。王充认为，人们学习知识的途径大体有两类：一类是通过感觉器官直观感知，一类是通过大脑理性思考。

> 实者，圣贤不能性知，须任耳目以定情实。其任耳目也，可知之事，思之辄决；不可知之事，待问乃解。天下之事，世间之物，可思而知，愚夫能开精；不可思而知，上圣不能省。孔子曰："吾尝终日不食，终夜不寝以思，无益，不如学也。"（《论衡·实知》）

圣贤不能先知，获得外界信息也需要依靠耳朵、眼睛等感觉器官。他们对于使用耳朵能够知道的"可知之事"，则"思之辄决"；对于"不可知之事"，则"待问乃解"。天下的事情、世间的万物，可以通过思考而知道的，"愚夫能开精"；通过思考不能知道的，则"上圣不能省"。所以，孔子感叹"吾尝终日不食，终夜不寝以思，无益，不如学也"。由此可知，虽然孔子非常重视"学"，但是同时也看到了"思"的作用。《论语》中还有关于"学"和"思"更加详细的论述，如《论语·为政》载，子曰"学而不思则罔，思而不学则殆"，认为只是一味学习和接受新知识，而没有理性的分析和判断，就会感到迷茫；相反，只是一味思考，而不主动去获取新知识，就会停滞不前。可见，孔子重视"学"和"思"相结合，认为只有将"学"和"思"相结合才能使认识不断深化。孔子的"学"指的是对前人经验的学习，属于感性认识的范畴，而孔子的"思"则是指在学习前人经验的基础上，进行理性的分析和判断，属于理性认识的范畴。在孔子那里，获得感性认识的途径是"学"，这点是毫无疑问的，但是，"思"并不是获得理性认识的唯一途径，在孔子看来，"温故而知新"（《论语·为政》）、"举一隅不以三隅反，则不复也"（《论语·述而》）、"告诸往而知来者"（《论语·学而》）等也是理性认识的方法。

王充在一定程度上肯定了孔子关于"学"与"思"的思考，并将这对范畴纳入自己的认知体系中。如《论衡·薄葬》："夫以耳目论，则以虚象为言，虚象效，则以实事为非。是故是非者不徒耳目，必开心意。"光凭耳闻目见来论事，则会以"虚象为言"，相信了"虚象"，就会把实事当成错误。所以，判断是非不能只靠耳闻目见，还要通过理性的思考。王充还强调对事物的认识不能仅仅停留在耳目层面，还需要"心善"，"心善"指的是有一颗仁善之心，这与孔子所强调的"仁"是一致的。

> 夫贤者，才能未必高也而心明，智力未必多也而举是。何以观心？必以言。有善心，则有善言。以言而察行，有善言则有善行矣。言行无非，治家亲戚有伦，治国则尊卑有序。无善心者，白黑不分，善恶同伦，政治错乱，法度失平。故心善，无不善也；心不善，无能善。心善则能辩然否。然否之义定，心善之效明，虽贫贱困穷，功不成而效不立，犹为贤矣。(《论衡·定贤》)

王充认为，"贤者"的才能不一定高，但能明辨是非，智力不一定多，但行为没有错误。"有善心，则有善言。以言而察行，有善言则有善行矣"，"言行无非"者治家可以使亲属间讲伦理，治国可以使尊卑间有秩序。"无善心者，白黑不分，善恶同伦，政治错乱，法度失平。"所以，只要有善心，就没有什么是不好的；心不善，就没有什么是好的。"心善则能辩然否"，心善的人就能分辨自己的行为是否恰当，这样的人即使"贫贱困穷，功不成而效不立"，也仍然是贤人。

不仅如此，王充对孔子的治学方法也有一定的研究，并且将之改造并内化为自己的治学方法。《中庸》详细记载了孔子的治学方法和步骤，如"博学之，审问之，慎思之，明辨之，笃行之"(《中庸》第二十章)，学习的第一步是广泛学习；第二步是详细询问，即对所学之物进行考察，有不明白的地方随时向他人请教；第三步是周密思考，即对所学知识进行理性思考；第四步是明确辨别是非，即在思考的过程中，通过理性对比辨别对错；第五步是行，即把自己所学的知识付诸实践。可见，"博学""审问""慎思""明辨""笃行"是孔子治学的方法。其中，"博学"与"审问"属于感性认识，"慎思"与"明辨"属于理性认识，"笃行"则属于实践。王充对于孔子治学方法的五个步骤进行了归纳与总结，并将之简化为四个步骤，即"博、订、通、用"①。其中"博""订""用"来源于孔子。"博"，即"览见广博"（《论衡·超奇》），这是对孔子"博学"的继承，属于感性认识；"订"，详而言之曰"两刃相割，利钝乃知；二论相订，是非乃见"（《论衡·案书》），是对孔子"慎思"与"明辨"的概括；"通"，即"博览古今者为通人"（《论衡·超奇》），要求在学习的过程中，精通各家学说。如何精通？王充认为应"好学勤力，博闻强识"（《论衡·超奇》），即"勤"，"勤"也是王充提倡的治学品德。"用"，即学以致用，也是王充的治学目的。

二

王充与孟子认识论

孔子虽提出"生而知之"的思想，却未做详细的解释，甚至还说"我非生而知之者"（《论语·述而》）。孟子不仅继承了孔子"生而知之"说，而且对"生而知之"进行了详细的论证，进而提出"良知良能"说，如《孟子·尽心上》："人之所不学而能者，其良能也；所不虑而知者，其良知也。孩提之童无不知爱其亲者，及其长也，无不知敬其兄也。亲亲，仁也；敬长，义也；无他，达之天下也。"人不用学习就能拥有的，是"良能"；不用思考就能知道的，是"良知"。在孟子看来，"良知良能"是人天生就具有的。孩子自小就知道"爱其亲"，长大后都知道"敬其兄"。人生下来就具有"不学而能""不虑而知"的"良知良能"，那么人的学问也就无须向外界去寻求，即"学问之道无他，求其放心而已矣"（《孟子·告子上》）。

孟子一方面认为人的知识、才能以及德性都是先天的，另一方面又认为人的知识、才能以及德性的获得需要一定的途径。《孟子·离娄上》：

---

① 王举忠：《王充论》，辽宁大学出版社，1991，第116页。

"爱人不亲，反其仁；治人不治，反其智；礼人不答，反其敬。行有不得者皆反求诸己，其身正而天下归之。""爱人"却得不到别人的亲近，就该反问自己的仁爱是否足够；"治人"却没有"治"好，就该反问自己的才智是否有问题；"礼人"却得不到别人的回应，就该反问自己的"礼"是否得体。但凡行为得不到预期的效果，都应该反过来检讨一下自己的行为是否端正，只有自己的行为端正了，才能"天下归之"。这种"行有不得者皆反求诸己"的主动、内省的学习方法类似于孔子"见贤思齐焉，见不贤而内自省也"（《论语·里仁》），"择其善者而从之，其不善者而改之"（《论语·述而》）。可见，在认知方面，孟子虽肯定"生而知之"说，但也强调"学"对"知"的作用，并认为"人皆可以为尧舜"（《孟子·告子下》）。

> 贤圣可学，为劳佚殊，故贤圣之号，仁智共之。子贡问于孔子："夫子圣矣乎？"孔子曰："圣则吾不能，我学不餍，而教不倦。"子贡曰："学不餍者，智也；教不倦者，仁也。仁且智，夫子既圣矣。"由此言之，仁智之人，可谓圣矣。孟子曰："子夏、子游、子张，得圣人之一体；冉牛、闵子骞、颜渊，具体而微。"六子在其世，皆有圣人之才，或颇有而不具，或备有而不明，然皆称圣人，圣人可勉成也。孟子又曰："非其君不事，非其民不使，治则进，乱则退，伯夷也。何事非君，何使非民，治亦进，乱亦进，伊尹也。可以仕则仕，可以已则已，可以久则久，可以速则速，孔子也。皆古之圣人也。"又曰："圣人，百世之师也，伯夷、柳下惠是也。故闻伯夷之风者，顽夫廉，懦夫有立志；闻柳下惠之风者，薄夫敦，鄙夫宽，奋乎百世之上，百世之下闻之者，莫不兴起，非圣而若是乎？而况亲炙之乎？"夫伊尹、伯夷、柳下惠不及孔子，而孟子皆曰"圣人"者，贤圣同类，可以共一称也。宰予曰："以予观夫子，贤于尧、舜远矣。"孔子圣，宜言"圣于尧、舜"，而言"贤"者，圣贤相出入，故其名称相贸易也。（《论衡·知实》）

王充的这一段论述，征引并点评了《孟子》中的五段话。其中"圣则吾不能，我学不餍，而教不倦"一句，出于《论语·述而》："子曰：'默而识之，学而不厌，诲人不倦，何有于我哉。'"孔子谈论的是治学方法，认为应当默默地记住所学的知识，学习应当永远不觉得满足，教人应当不知道疲倦。朱熹认为："三者已非圣人之极至，而犹不敢当，则谦而又谦之辞。"① 钱穆认为："或以本章为谦辞，实非。"②《论语·述而》："多闻，择其善者而从之；多见而识之。"可见这是孔子从"学"与"教"两个方面对认知进行的总结。孟子继承并发展了孔子这一理论。王充认为，经过努力学习，人人皆可成为圣人。圣人只是比普通人更加努力用功而已，所以"贤人""圣人"的称号虽有区别，在仁与智方面却是一样的。

王充引《孟子》的第一条史料是："子贡问于孔子曰：'夫子圣矣乎？'孔子曰：'圣则吾不能，我学不厌而教不倦也。'子贡曰：'学不厌，智也；教不倦，仁也。仁且智，夫子既圣矣。'"（《孟子·公孙丑上》）子贡问孔子是不是圣人，孔子回答说自己达不到圣人的程度，只是学习从来不觉得满足，教人从来不觉得疲倦而已。子贡认为学习不觉得满足，就是"智"；教人不觉得疲倦，就是"仁"。有"仁"有"智"，就是圣人。王充赞同子贡的论述，更认同有"仁"有"智"的人可以称为圣人。

王充引《孟子》的第二条史料是："孟子曰：'子夏、子游、子张，皆有圣人之一体；冉牛、闵子、颜渊则具体而微。'"（《孟子·公孙丑上》）孟子认为子夏、子游、子张学到了圣人的一个方面，而冉牛、闵子骞、颜渊学到了圣人的各个方面，但是程度不够。王充由此判断这六个人都具有做圣人的才能，只是有的具有圣人之才而不够全面，有的具有圣人之才而不够高明，然而都称他们是圣人。总之，有的"颇有而不具"，有的则"备有而不明"，王充也因此推断出圣人可以通过

---

① 朱熹：《四书章句集注》，中华书局，2012，第88页。
② 钱穆：《论语新解》，生活·读书·新知三联书店，2002，第152页。

努力学习而达到。

王充引《孟子》的第三条史料是:"非其君不事,非其民不使,治则进,乱则退,伯夷也。何事非君,何使非民;治亦进,乱亦进,伊尹也。可以仕则仕,可以止则止,可以久则久,可以速则速,孔子也。皆古圣人也。"(《孟子·公孙丑上》)不是理想的君主就不去辅佐,不是理想的百姓就不去驱使,天下太平时出来做官,天下大乱时退去归隐,伯夷是这样的人。什么样的君王都可以辅佐,什么样的百姓都可以驱使,局势稳定可以做官,社会动乱也可以做官,伊尹是这样的人。可以做官就做官,做不成官就不做,能做多久就做多久,该离开时就赶快离开,孔子是这样的人。所以他们都是古代的圣人。

王充引《孟子》的第四条史料是:"圣人,百世之师也,伯夷、柳下惠是也。故闻伯夷之风者,顽夫廉,懦夫有立志;闻柳下惠之风者,薄夫敦,鄙夫宽。奋乎百世之上,百世之下,闻者莫不兴起也。非圣人而能若是乎?——而况于亲炙之者乎?"(《孟子·尽心下》)圣人,是百代的师表,伯夷、柳下惠正是这样的人。因此,听到伯夷品性的人,贪婪的人廉洁了,懦弱的人也长了志气;听到柳下惠品性的人,刻薄的人厚道了,狭隘的人宽宏大度了。他们兴起在百代以前,百代以后,知道他们事迹的人也会受感动和鼓舞。这是圣人才能够达到的境界。王充认为,尽管伊尹、伯夷、柳下惠比不上孔子,但是孟子仍将他们并称为"圣人",这说明圣人、贤人同是一类人,可以共用一个称号。

王充引《孟子》的第五条史料是:"宰我曰:'以予观于夫子,贤于尧、舜远矣。'"(《孟子·公孙丑上》)王充从宰予对老师进行观察后称"贤于尧、舜",而没有说"圣于尧、舜",从而得出"圣"与"贤"差不多,"圣""贤"这两个称号可以互相交换的结论。《论语·述而》载,子曰:"若圣与仁,则吾岂敢?抑为之不厌,诲人不倦,则可谓云尔已矣。"在别人称他为圣人或仁人时,孔子说自己不敢接受这两个称号,自己最多只是"为之不厌,诲人不倦"而已。孔子时期"圣人"一般专指圣王,所以孔子不接受这样的称号,但是孟子将孔子时期的"圣人"范围扩大了,并认为孔子是天下首圣,且孟子认为人人皆可以成为圣贤。王充在孟子理论的基础上,进一步将圣人放到与贤人同等的地位,并认为圣人"耳目闻见,与人无别;遭事睹物,与人无异,差贤一等尔,何以谓神而卓绝"(《论衡·知实》)。圣人与贤人的区别只在于他们学习时所付出的劳动程度不同,并非圣人的耳目有什么超人的能力,可以"知人所不知之状"(《论衡·知实》)。

王充还看到了孟子认识的另外一个弊端,即孟子抛弃了孔子的"学而知之"说,格外强调"心"在认识中的作用:

> 耳目之官不思,而蔽于物。物交物,则引之而已矣。心之官则思,思则得之,不思则不得也。此天之所与我者,先立乎其大者,则其小者不能夺也。此为大人而已矣。(《孟子·告子上》)

孟子认为,"耳目之官"没有思考的功能,只能与外界事物接触,往往容易被外物的表象所欺骗,不具有可靠性,同外物接触,易被引诱过去;"心之官"有思考的功能,可以自由选择对外界信息的接受与否或接受程度如何,"思则得之,不思则不得",具有一定的主导性。孟子将人的认识分为"耳目之官"和"心之官",本质上是把人的认识划分为感性认识和理性认识。较孔子而言,孟子对感性认识与理性认识的划分更明确、论述更具体。既承认"耳目之官"的作用,又指出"耳目之官"的弊端,即"耳目之官不思,而蔽于物";既看到了"心之官"的作用,又看到了"心之官"的不足,即"思则得之,不思则不得"。孟子将"心之官"视为"大体",将"耳目之官"视为"小体",认为"从其大体为大人,从其小体为小人"(《孟子·告子上》)。由此可见,孟子轻视了"耳目之官"的感性认识,而又夸大了"心之官"的理性认识。笔者认为,感性认识是理性认识的基础,孟子看到了感性认识和理性认识,这是孟子在认识论上的贡献,但是,孟子否定感性认识的作用,又夸大理性认识的作用,这是孟子在认识论上的弊端。

孟子不仅将"耳目之官"与"心之官"对立起来,而且将"大体"与"小体"对立起来,并由此得出"大人"与"小人"的对立。具体如"养其小者为小人,养其大者为大人""从其大体为大人,从其小体为小人"(《孟子·告子上》)。不仅如此,孟子还指出"从其大体"的"大人"是"劳心者","从其小体"的"小人"是"劳力者":

> 有大人之事,有小人之事。且一人之身,而百工之所为备。如必自为而后用之,是率天下而路也。故曰:或劳心,或劳力。劳心者治人,劳力者治于人;治于人者食人,治人者食于人,天下之通义也。(《孟子·滕文公上》)

孟子将世间的事务分为"大人之事"与"小人之事"。维持一个人生存和生活所需的用品要靠各种工匠来替他制备,如果一定要亲力亲为而后使用,就会导致所有的人都疲于奔走,浪费大量的时间和人力,所以,孟子认为应该有"劳心者"和"劳力者"之分。笔者认为,孟子以此理论反对农家思想的基本原理具有一定的进步意义,但是,孟子将"劳心者治人,劳力者治于人;治于人者食人,治人者食于人"视为"天下之通义"就显得相对落后。对于孟子将"劳心者"与"劳力者"做高下之分,王充虽然没有直接反对,却也提出了完全不同的观点:

> 耕夫多殖嘉谷,谓之上农夫;其少者,谓之下农夫。学士之才,农夫之力,一也。能多种谷,谓之上农,能博学问,不谓之上儒,是称牛之服重,不誉马速也。誉手毁足,孰谓之慧!(《论衡·别通》)

王充将"学士之才"与"农夫之力"看成一回事,具有非常进步的意义。王充的"学士之才"与"农夫之力"之分,本质上就是"劳心者"与"劳力者"之别。他认为,农夫如果能够多种好谷子,可以称作上等的农夫;反之,则称为下等的农夫。"学士之才"与"农夫之力"在本质上是一样的。能多种谷子的农夫被称作上等农夫，有广博的学问却不被称作鸿儒，这是只称赞牛能负重，而不赞美马跑得快。称赞手，却诋毁脚，不是聪明之人所为。《论衡》中的这种将"学士之才"与"农夫之力"并重的思想，并非只出现此一次，还有如下几处：

> 齐部世刺绣，恒女无不能；襄邑俗织锦，钝妇无不巧。日见之，日为之，手狃也。使材士未尝见，巧女未尝为，异事诡手，暂为卒睹，显露易为者，犹愦愦焉。方今论事，不谓希更，而曰材不敏，不曰未尝为，而曰知不达，失其实也。(《论衡·程材》)

> 俱有材能，并用笔墨，而儒生奇有先王之道。先王之道，非徒葵、韭、枣、栗之谓也。恒女之手，纺绩织经，如或奇能，织锦刺绣，名曰卓殊，不复与恒女科矣。夫儒生与文吏程材，而儒生侈有经传之学，犹女工织锦刺绣之奇也。(《论衡·量知》)

王充认为儒生与文吏各有所能："儒生所学者，道也；文吏所学者，事也"(《论衡·程材》)；"儒生治本，文吏理末"(《论衡·程材》)；"从农论田，田夫胜；从商讲贾，贾人贤"(《论衡·程材》)。儒生和文吏在学问和知识方面虽有差异，却没有高下之分，更不存在"儒生不及彼文吏"(《论衡·程材》)之说。儒生有经传的学问，同妇女擅长织锦刺绣，本质上是一回事。王充的说法是对当时社会"贱视劳动群众生产实践的传统观念"[1] 的挑战，十分大胆。

王充赞同孟子将人的认识途径分为"心之官"与"耳目之官"，却不同意孟子重视"心之官"、轻视"耳目之官"，而是认为人类获得知识需要经过"耳目之官"与"心之官"两方面的共同作用，所以二者同等重要，缺一不可。

---

[1] 夏甄陶：《中国认识论思想史稿》(上卷)，中国人民大学出版社，1992，第307页。

> 夫论不留精澄意，苟以外效立事是非，信闻见于外，不诠订于内，是用耳目论，不以心意议也。夫以耳目论，则以虚象为言，虚象效，则以实事为非。是故是非者不徒耳目，必开心意。（《论衡·薄葬》）

论证问题不集中精力深入思考，只是根据表面现象来判断事情的是非，只依据外在的见闻，不通过内心分析判断，这是以"耳目论"，没有以"心意议"。若只以"耳目论"会导致相信"虚象"，而把事实视为错误。所以，王充强调判断是非不能仅仅依靠"耳目"，还必须通过内心的思考。这里的"耳目"就是孟子的"耳目之官"，"心意"就是孟子的"心之官"。《论衡·实知》："其任耳目也，可知之事，思之辄决。"说的也是不能只依靠"耳目"的感性认识，还要依靠"思"的理性认识，只有这样才能知道认识是不是"虚象"。

三

王充与荀子认识论

在认识论方面，荀子对王充的影响最大。荀子对先秦儒家认识论进行了总结性的吸收，不仅详细论述了知与行的问题，而且提出以"符验"来检验认识对错的观点，王充的"效验"说就是在荀子"符验"说的基础上提出的。

王充反对"生而知之"思想，并且针对性地提出了学而后知，不学不知的认知观。《荀子·儒效》："求之而后得，为之而后成，积之而后高，尽之而后圣。"不断地求索之后才能有所收获，不断地实践之后才能有所成就，不断地积累之后才能有所提高，能达到尽善尽美的程度才能被称为圣人。王充发展了荀子这一思想，认为圣人不能先知，没有人天生可以通晓所有事物，想要获得知识，需要通过后天努力学习。人的才智有高下之分，知识来源于后天的学习。通过学习才能获得知识，不请教别人就不能认识事物。王充由此提出"人才有高下，知物由学。学之乃知，不问不识"（《论衡·实知》）的观点。

《荀子·正名》："所以知之在人者谓之知，知有所合谓之智。"人的认识能力叫作"知"，认识能力与外物综合叫作"智"。荀子将人的认识分为两类，一类是其所谓的"天官"①，另一类是心。《荀子·正名》："然则何缘而以同异？曰：缘天官。凡同类、同情者，其天官之意物也同，故比方之疑似而通，是所以共其约名以相期也。形体、色、理，以目异；声音、清浊、调竽、奇声，以耳异；甘、苦、咸、淡、辛、酸、奇味，以口异；香、臭、芬、郁、腥、臊、洒、酸、奇臭，以鼻异；疾、养、沧、热、滑、铍、轻、重，以形体异；说、故、喜、怒、哀、乐、爱、恶、欲，以心异。心有征知。征知，则缘耳而知声可也，缘目而知形可也，然而征知必将待天官之当簿其类然后可也。"荀子认为根据"天官"可以知晓事物名称的异同，"同类、同情"者的"天官"对事物的体会是相同的。"形体、色、理"，因为眼睛的感觉不同而不同；"声音、清浊、调竽、奇声"，因为耳朵的感觉不同而不同；"甘、苦、咸、淡、辛、酸、奇味"，因为嘴巴的感觉不同而不同；"香、臭、芬、郁、腥、臊、洒、酸、奇臭"，因为鼻子的感觉不同而不同；"疾、养、沧、热、滑、铍、轻、重"，因为身体的感觉不同而不同；"说、故、喜、怒、哀、乐、爱、恶、欲"，因为心灵的感觉不同而不同。心灵能够感觉外界事物，耳朵可以听到声音，眼睛可以看到形状。心灵对外界的感知需要先经历"耳目"接触。荀子以"天官"来"意物"的方法是对孟子"耳目之官"的继承与发展，王充的"耳目论"则又是对荀子"天官说"的继承与发展。孟子、荀子、王充都认为通过感官与外界事物接触获得认知，是一种感性认识。荀子的"征知说"是对事物进行理性分析，这些分析以"耳目"等感官的感知为基础并

---

① 荀子强调感性认识在认识过程中的作用，如《荀子·天论》："耳、目、鼻、口、形，能各有接而不相能也，夫是之谓天官。"他以此来肯定人类的感官的作用，并认为人类的感官是认识的基础。

在此基础上加以升华，是一种理性认识。王充强调理性认识应建立在感性认识的基础之上，认为只依靠理性分析而不依靠"耳目"所闻见即没有感性认识作为基础的理性认识是不客观的。所以，王充强调："须任耳目以定情实"（《论衡·实知》）；"不目见口问，不能尽知也"（《论衡·实知》）；"如无闻见，则无所状"（《论衡·实知》）。

《荀子·正名》："五官簿之而不知，心征之而无说，则人莫不然谓之不知。"五官同外界事物相接触还不能认识事物，心感知并理性分析外物后还不能说出来，即经过了这些步骤还无法认知，才为"不知"。换言之，"耳目"之知只是对事物较浅层次的认识，如果不对此做进一步的理性分析，则有可能被假象所迷惑。荀子以"心"的"征知"，对"耳目"之识加以理性的判断与分析，从而形成正确的认识。王充也认为对事物的认识必须"诠订于内"，"开心意"。《论衡·薄葬》："苟以外效立事是非，信闻见于外，不诠订于内，是用耳目论，不以心意议也。夫以耳目论，则以虚象为言，虚象效，则以实事为非。是故是非者不徒耳目，必开心意。"论证问题不集中精力进行深入思考，只依据表象和外在见闻判断，就是只凭耳目闻见而不是通过内心思考论事。只凭耳目闻见论事，是"以虚象为言"；"虚象效"，则会把实事当成错误。所以，判断是非不能只依靠耳目闻见，必须通过内心理性思考。对事物的认识不能只停留在表面，仅以"耳目"之识为真，而应该将之上升至理性分析的程度，即"必开心意"。

可见，在荀子和王充的视界中，人对事物进行认识时，心并非直接作用于外物，而是先经过人的感觉器官直接感知，然后在理性分析的基础上间接得来的。换言之，荀子和王充不仅认识到了感性认识和理性认识的区别，而且认识到了直接认识和间接认识的区别。

王充对荀子治学的方法也进行了归纳与总结，形成了自己的治学方法，即"博、订、通、用"，其中"博""通""用"三个方面受荀子的影响较大。一是"博"。即王充所说的"览见广博"（《论衡·超奇》）。《荀子·修身》："多闻曰博，少闻曰浅；多见曰闲，少见曰陋；难进曰偍，易忘曰漏；少而理曰治，多而乱曰耗。"听到的多叫作渊博，听到的少叫作浅薄；见到的多叫作开阔，见到的少叫作鄙陋；难以进展叫作迟缓，容易忘记叫作遗漏；措施简少而有条理叫作政治清明，措施繁多而混乱叫作昏乱不明。二是"通"。《荀子·性恶》："今使涂之人伏术为学，专心一志，思索孰察，加日县久，积善而不息，则通于神明，参于天地矣。故圣人者，人之所积而致也。"普通人学习只要做到一心一意，集中精力仔细审察和思虑，坚持不懈积累善行而不停息，就能够达到最高的智慧。所以，普通人积累仁义就可以成为圣人。可见，在荀子看来，只要持之以恒地学习，不断积累知识，普通人也可以成为圣人，可以"通于神明，参于天地"。王充所谓"博览古今者为通人"（《论衡·超奇》）、"夫通人览见广博"（《论衡·超奇》）① 就是对荀子这一思想的继承与发展。三是"用"。《荀子·儒效》："不闻不若闻之，闻之不若见之，见之不若知之，知之不若行之，学至于行之而止矣。行之，明也；明之为圣人。圣人也者，本仁义，当是非，齐言行，不失毫厘，无它道焉，已乎行之矣。故闻之而不见，虽博必谬；见之而不知，虽识必妄；知之而不行，虽敦必困。不闻不见，则虽当，非仁也，其道百举而百陷也。"没有听到不如听到，听到不如见到，见到不如理解，理解不如去"行"，学问到了"行"就达到了极点。可见，荀子把"行"视为认识的目的和归宿。听到却没有见到，即使听到的再多，也必有谬误；见到却没有理解，即使可以记住，也必有虚妄；理解了却不去"行"，即使知识再丰富，也会陷入困境。以上内容提到了荀子认识的两个来源，一个是"见之"，另一个是"闻之"，二者都属于感性认识，而"知之"属于理性认识，"行之"属于实践。对于"行之"，荀子还有更为深刻的阐释，如"不登高山，不知天之高也；不临深溪，不知地之厚也"（《荀子·劝学》）。

当然，王充认识论中最为精彩的是"效验"说，而荀子"符验"说则是王充"效验"说的直接理论来源。如：

---

① 所谓"通人"指通晓百家之说、诸子之学者，王充本人就是代表。

> 凡论事者，违实不引效验，则虽甘义繁说，众不见信。论圣人不能神而先知，先知之间，不能独见，非徒空说虚言，直以才智准况之工也，事有证验，以效实然。（《论衡·知实》）

王充认为论事不应该违背事实而且举不出证据，而应当"事有证验，以效实然"。如果论证没有以经验事实为根据，再好的理论也不能使人相信。这同荀子的"符验"说一脉相承。

> 善言古者必有节于今，善言天者必有征于人。凡论者，贵其有辨合，有符验，故坐而言之，起而可设，张而可施行。（《荀子·性恶》）

荀子认为，善于谈论古代的人，定能在当世得到验证；善于谈论天的人，定能在人间得到验证。凡是建言立说，最重要的是有证明和根据。所以，坐而论道，站起来就应该能够张设，张设了要能施行。"凡论者，贵其有辨合，有符验"，荀子主张立论应符合实际，并能在实际中得到验证。即理论思维是否符合实际，是检验认识正确与否的标准。

不同的是，王充"效验"说认为经验事实是验证论断是否正确的标准。荀子"辨合"指符合、接触，而王充的"效"指立论的标准或根据；荀子"符验"指凭据、证件，而王充的"验"指验证。所以，笔者认为，王充"效验"说是对荀子"辨合""符验"说的总结。王充还提出了类推的方法，即所谓"放象事类以见祸，推原往验以处来，贤者亦能，非独圣也"（《论衡·实知》）。这里的"放象"即仿效、依据之意。王充认为，人们依照同类事情发展的情形，可以预见这一事情的好与坏、祸与福；根据过去或现在的经验，可以推断未来的结果。这些方法在人们无法客观地去认识被认识对象时，算是相对客观的认识方法。不仅如此，王充还认为，前人之所以夸大圣人的认识能力，是因为不知道圣人认识事物的方法。在王充看来，圣人并无"神怪之知"（《论衡·实知》），只是懂得和擅长"揆端推类,原始见终"(《论衡·实知》),"案兆察迹,推原事类"(《论衡·实知》)而已。这种"放象"的认识方法已经初步具有推理的作用,这也说明王充已经看到逻辑推理在认识事物过程中的积极作用。

第五章

CHAPTER 5 政 论

——王充儒道思想评介

王充认为,"国之所以存者,礼义也。民无礼义,倾国危主"(《论衡·非韩》),儒生是维护礼义的堤防,礼义是治国的纲纪,并提出"治国之道,所养有二:一曰养德,二曰养力"(《论衡·非韩》)。"养德"指"养名高之人,以示能敬贤"(《论衡·非韩》),具体的做法是尊重儒生,尊重贤才。因为儒生可以用"礼"来引导不知"礼"的人,以"义"来激励不懂"义"的人,从而使百姓变得善良,并且热爱君主。"养力"指注重武力,即"养气力之士,以明能用兵",具体的做法是重视军备,提高士兵的综合素质,以抵御外敌入侵,积极防备,而使"犯德者畏兵而却"(《论衡·非韩》)。具体来说就是"外以德自立,内以力自备"(《论衡·非韩》)。"养德"与"养力"相比较,王充更加重视"养德"。因为"顺民之意"是"德"的主要体现,所以,"德"是王充的根本政治主张。

　　儒家"为政以德"思想是王充"养德"的政治主张的理论基础。"为政以德"是儒家德治论的主要内容,是儒家对西周"明德慎罚"思想的继承与发展。"为政以德"思想,一方面,突出了"德"的政治意义,认为德治在治理国家、获取民心等方面有积极的作用;另一方面,认为"德"高于君主的权力,高于国家及法律,有没有"德"是区分"仁君"与"暴君"的标准。在社会政治思想方面,王充一方面接受儒家的重要主张,另一方面又结合当时的具体情况,得出一个同于儒家的政治主张。在如何为政的问题上,通过王充的论述可知,孔子的重礼义、举贤才、崇德治等政治主张对王充产生了较大影响。

　　在王充看来,"无为而治"是儒家为政思想的最重要思想之一,儒家"无为而治"的实质是"为政以德"。王充认为儒家的"无为而治"主要是针对统治者提出来的，对内要求统治者"重礼爱义"，对外要求统治者"任贤使能"。只要统治者能够做到"重礼爱义""任贤使能"，就可以实现"无为而治"。

一

王充与先秦儒家政论

（一）崇德治

《论语·为政》："道之以政，齐之以刑，民免而无耻；道之以德，齐之以礼，有耻且格。"指以政令来治理百姓，或者以刑法来整顿百姓，百姓追求的只能是免于犯罪或免于受惩罚，却没有廉耻之心；如果用道德去引导百姓，用礼制去同化百姓，百姓追求的就是"德"与"礼"，不仅会有羞耻之心，而且会有归服之心。就是说以"政"与"刑"治理百姓不如以"德"与"礼"治理百姓。君主对百姓的道德要求低，百姓的道德水平自然就低；君主对百姓的道德要求高，百姓的道德水平自然就高。《论语·为政》中还有"为政以德，譬如北辰，居其所而众星共之"，统治者如果实行德治，就会像北极星处在中央位置，所有的星辰都会围绕着北极星旋转一样，群臣百姓也会自动围绕着统治者生活。以上是《论语》记载的孔子的德政主张，强调道德对社会政治生活起决定性作用，主张以道德教化为治国原则。

《论衡·遭虎》："夫虎害人，古有之矣。政不苛，吏不暴，德化之足以却虎。"老虎伤害人的事情自古就有。政令不"苛"，官吏不"暴"，这样的道德教化完全可以使老虎退却。《论衡·非韩》："周穆王之世，可谓衰矣，任刑治政，乱而无功。甫侯谏之，穆王存德，享国久长，功传于世。夫穆王之治，初乱终治，非知昏于前，才妙于后也，前任蚩尤之刑，后用甫侯之言也。"周穆王刚开始治理国家时，国家之所以衰败，是因为他以"刑"治理国家，不仅社会混乱，而且没有任何功绩。后来甫侯规劝周穆王，周穆王将道德谨记在心头，于是长久地统治国家，功绩流传至后代。周穆王治理国家，开始的时候社会混乱，后来又大治，不是因为周穆王开始昏庸，后来变得高明，而是因为开始使用的是蚩尤的刑法，后来遵循了甫侯的劝说，以德治国。由此可见，在为政治国方面，刑法只能治标，唯有道德可以治本。

　　王充对韩非子重刑不重德的治国之道，也是反对的，认为治国必须"一曰养德，二曰养力"（《论衡·非韩》），二者相比较而言，"养德"比"养力"更加重要。王充在《论衡·非韩》中总结道："夫德不可独任以治国，力不可直任以御敌也。"治国不能只依靠"德治"，更不能只依靠"力治"，二者都应该具备，即"德力具足"。王充虽然强调"德力具足"，但"德治"与"力治"相比，则认为要以"德治"为先。《论衡·非韩》："治国犹治身也。治一身，省恩德之行，多伤害之操，则交党疏绝，耻辱至身。推治身以况治国，治国之道当任德也。韩子任刑，独以治世，是则治身之人，任伤害也。韩子岂不知任德之为善哉？以为世衰事变，民心靡薄，故作法术，专意于刑也。"治理国家如同修养自己的品德。修养自己的品德，要是缺少了爱护他人的品行，却多了伤害他人的操行，那么，与亲戚朋友的交情就会疏远，关系也会断绝，甚至会给自己带来耻辱。以修养个人品德的道理来类比治理国家的道理，那么，治理国家也应该推行以道德去治理。韩非子认为社会衰败，世态改变，百姓的心变得"靡薄"，所以制定了法律，主张以刑法为手段治理国家。韩非子提倡以法律为治国之道的办法与主张修养自己品德的人却采用了伤害他人的行为，在本质上是一样的。

> 夫世不乏于德，犹岁不绝于春也。谓世衰难以德治，可谓岁乱不可以春生乎？人君治一国，犹天地生万物。天地不为乱岁去春，人君不以衰世屏德。孔子曰："斯民也，三代所以直道而行也。"（《论衡·非韩》）

　　世间不能缺少"德"，如同一年中不能缺少"春"一样。说社会衰败难以用道德来治理，就像说因为"岁乱"而万物不可以在春天生长。君主治理国家，如同天地可以使万物生长一样。天地不会因为"乱岁"而"去春"，君主也不能因为"衰世"而"屏德"。"斯民也，三代所以直道而行也"一句出自《论语·卫灵公》，原文是："子曰：'吾之于人也，谁毁谁誉？如有所誉者，其有所试矣。斯民也，三代之所以直道而行也。'"孔子认为自己对别人没有诋毁也没有赞誉，如果有赞誉的人，也是经过实践检验的事实。朱熹认为："斯民者，今此之人也。三代，夏、商、周也。直道，无私曲也。言吾之所以无所毁誉者，盖以此民即三代之时所以善其善、恶其恶而无所私曲之民，故我今亦不得而枉其是非之实也。"① 可见，在朱熹看来，这些人在三代时就"善其善""恶其恶"，所以，不能改变这些人的善恶，对这些人也就无所"毁"或"誉"。笔者认为，结合上下文理解，王充在此指的是三代之时，君王就用道德来治理和教化百姓。君主重德，国家就会"天下太平，百灾消灭"（《论衡·解除》）。由此可见，"德力具足"强调的是以德为先，"力"只有辅助的作用。所以，治国之道应以"养德"为主。

（二）重礼义

儒家重礼，孔子强调"克己复礼"（《论语·颜渊》），认为"不学礼，无以立"（《论语·季氏》）。荀子认为"礼者，人道之极也"（《荀子·礼论》）。《中庸》第二十章："为政在人，取人以身，修身以道，修道以仁。仁者人也，亲亲为大；义者宜也，尊贤为大；亲亲之杀，尊贤之等，礼所生也。"这里"亲亲为大"为宗庙系统的价值原则；"尊贤为大"为国家系统的价值原则。孔子认为，治理国家，人才是首要条件，选拔人才应该侧重于人才的品德修养，品德修养则取决于人才是否遵循大道，遵循大道又取决于人才是否有仁心。仁就是爱人，爱父母是最大的仁；义就是事事做得适宜，尊重贤人是最大的义。"亲亲之杀，尊贤之等"都是礼的要求。

王充也十分重视"礼"，认为"礼"在国家治理体系中有非常重要的

---

① 朱熹：《四书章句集注》，中华书局，2012，第167页。

作用。《论衡·治期》:"礼丰义重,平安之基立矣。"《论衡·非韩》:"礼义至重,不可失也。"《论衡·非韩》:"国之所以存者,礼义也。民无礼义,倾国危主。"由此可见,对于礼义,王充的态度是重礼爱义。对此,《论衡·非韩》还有更为详细的论述:

> 夫儒生,礼义也;耕战,饮食也。贵耕战而贱儒生,是弃礼义求饮食也。使礼义废,纲纪败,上下乱而阴阳缪,水旱失时,五谷不登,万民饥死,农不得耕,士不得战也。子贡去告朔之饩羊,孔子曰:"赐也,尔爱其羊,我爱其礼。"子贡恶费羊,孔子重废礼也。故以旧防为无益而去之,必有水灾;以旧礼为无补而去之,必有乱患。(《论衡·非韩》)

可见,在王充视界中,儒生推行的是礼义,耕战为的是饮食,也离不开饮食。礼义与耕战同等重要,二者缺一不可。重耕战而轻儒生,如同不要礼义只要饮食。这样不仅会使"礼义废",而且会使"纲纪败",上下关系就会混乱,阴阳二气也会错乱,甚至会导致"水旱失时,五谷不登,万民饥死,农不得耕,士不得战"。子贡要取消"告朔"的活羊,主张废掉礼,连羊也不必杀,孔子则不以为然,认为"尔爱其羊,我爱其礼"。子贡痛恨浪费羊,孔子不愿意废掉礼。王充认为,以为旧堤防没用而把旧堤防拆掉,必然会遭受水灾;以为旧礼仪没用而把旧礼仪取消,也必然会有灾祸。儒生的作用就是维护礼义的原有堤防,儒生的存在看起来似乎没有用处,但如若没有儒生,礼义必然会受到损害。

《论衡·非韩》:"推治身以况治国,治国之道当任德也。韩子任刑,独以治世,是则治身之人,任伤害也。"用修养个人品德的道理来推论治国之道,那么治国之道应该是依靠道德。韩非主张靠刑法来治理国家,如同采用伤害别人的办法来修养自己的品德。由此可见,在治国为政方面,尽管王充对儒、法两家的思想都进行了总结,但是,在关于礼治与法治谁更重要的问题上,王充显然是反对韩非而倾向孔子的。在治国之道方面,王充更加重视礼义的教化作用，可见，对王充影响最大的思想家仍然是孔子。《论衡·率性》："闻伯夷之风者，贪夫廉而懦夫有立志；闻柳下惠之风者，薄夫敦而鄙夫宽。徒闻风名，犹或变节，况亲接形、面相敦告乎？"听到伯夷的品格，"贪夫廉而懦夫有立志"；听到柳下惠的品格，"薄夫敦而鄙夫宽"。仅仅是听到伯夷、柳下惠的崇高品格，都会变得有节操，更何况是亲自接触其本人，并面对面地接受他们诚恳的告诫呢？《论衡·非韩》："国之所以存者，礼义也。民无礼义，倾国危主。今儒者之操，重礼爱义，率无礼之士，激无义之人，人民为善，爱其主上，此亦有益也。"国家之所以存在，是因为有礼义。百姓不懂"礼"与"义"，国家就要灭亡，君主也会遭殃。儒者的操行是重礼爱义，用"礼"来引导不知"礼"的人，以"义"来激励没有"义"的人，使人民变得善良而有道德，由衷地热爱自己的国君。

《论衡·非韩》："儒者之在世，礼义之旧防也。"可见，在王充看来，儒者是用礼义来端正社会风气的表率。《论衡·率性》："不废学校之官，不除狱理之吏，欲令凡众见礼义之教。学校勉其前，法禁防其后。"王充认为学校的教化作用具有积极意义，国家不废除"学校之官"和"狱理之吏"，是为了使百姓可以接受礼义的教化，"学校勉其前，法禁防其后"是对礼义教化一前一后的双重重视。"礼"在此指外在的行为规范，"义"指通过内心的自我调节使思想、行为符合一定的准则，是一种内在的规范。《荀子·大略》："行义以礼，然后义也。""义"是"礼"在人思想意识中的内化，所以在重视"礼"的同时不能忽视"义"。王充也特别重视"义"。《论衡·定贤》："义至不谋就事。义有余，效不足，志巨大而功细小，智者赏之，愚者罚之。"王充不仅看到了"礼"与"义"的重要性，而且看到了在"礼"与"义"实施过程中物质资料的重要性。《论衡·治期》："礼义之行，在谷足也。"不仅如此，王充对孔子"去食存信"的说法也不赞成。《论衡·问孔》："使治国无食，民饿，弃礼义，礼义弃，信安所立？传曰：'仓廪实，知礼节；衣食足，知荣辱。'让，生于有余；争，生于不足。今言'去食'，信安得成？春秋之时，战国饥饿，易子而食，析骸而炊，口饥不食，不暇顾恩义也。夫父子之恩，信矣，饥饿弃信，以子为食。孔子教子贡去食存信,如何?夫去信存食,虽不欲信,信自生矣;去食存信,虽欲为信,信不立矣。"由此可见,王充认为"仓廪实,知礼节;衣食足,知荣辱",治理国家如果没有粮食,老百姓就会饥饿,就会抛弃礼义,礼义被抛弃,人与人之间便无信任可言。他还认为"让,生于有余;争,生于不足",所以,"去食存信,虽欲为信,信不立矣",提倡"去信存食",认为"去信存食,虽不欲信,信自生矣"。在王充看来,放弃粮食保全信任,虽然想取得信任,信任却无法建立;放弃信任保存粮食,虽然不想得到信任,但信任自然会建立。笔者认为,王充此处强调的是有了粮食,就有了建立信任的物质基础;失去粮食,就会失去建立信任的物质基础。即"礼义之行,在谷足也"(《论衡·治期》)。归根结底,王充强调的是物质的重要性,认为物质可以决定意识,也即马克思主义所说的经济基础决定上层建筑。

> "季氏富于周公,而求也为之聚敛而附益之。孔子曰:'非吾徒也,小子鸣鼓攻之可也。'攻者,责也,责让之也。六国兵革相攻,不得难此。"此又非也。以卑而责尊,为逆矣。或曰:"据天责之也。"王者母事地,母有过,子可据父以责之乎?下之于上,宜言谏。若事,臣、子之礼也;责让,上之礼也。乖违礼意,行之如何?
>
> 夫礼以鼓助号呼,明声响也。古者人君将出,撞钟击鼓,故警戒下也。必以伐鼓为攻社,此则钟声鼓鸣攻击上也。(《论衡·顺鼓》)

王充此段引用了《论语·先进》中的内容,季孙氏比鲁国的公室还富裕,冉求还帮他实行田赋制度,替他增加财富。所以孔子说冉求不再是自己的学生,并让众弟子公开攻击冉求。季氏要用田赋制度增加赋税,让冉求征求孔子的意见,孔子反对季氏的做法,然而冉求仍听从季氏,并实行田赋制度,所以,孔子对此很是不满。① 众所周知,春秋时期,礼崩乐坏,

---

① 《左传·哀公十一年》载:"(孔子)曰:'君子之行也,度于礼,施取其厚,事举其中,敛从其薄。'"

孔子一心想着以礼乐统一天下。

王充以此来反对汉儒对《春秋》的错误解释①，认为"攻"是责备之意。因此，六国用兵相互攻战的事例，不能用来指责攻社这件事。以卑下的身份去责备尊贵的人，是逆礼行事。君王把土地当作母亲来侍奉，母亲有过错，儿子可以按照父亲的意志来谴责母亲吗？以下对上，应该用"谏"，这是臣和子应遵守的礼节；而斥责，是君王应遵守的礼节。违反礼节，怎么去行动呢？按照礼仪，击鼓是用来助长呐喊使声音更响亮的。古代君王要外出，就会撞钟击鼓，以此警戒臣民。如果一定要将击鼓说成攻击土地神，就等于把钟响鼓鸣说成攻击君王了。

（三）举贤才

《论衡·实知》："周公治鲁，太公知其后世当有削弱之患；太公治齐，周公睹其后世当有劫弑之祸。见法术之极，睹祸乱之前矣。""周公治鲁"，齐太公预知周公的后代必定有君权被削弱的祸患；"太公治齐"，周公预见到太公的后代必将有被弑君篡国的祸乱。周公、太公可以通过分析对方采用的治国方法和驭下手段，来推测对方的最终结果，这是因为他们都看到了对方祸乱的苗头。以上事件，《淮南子·齐俗训》中有更加详细的论述：

> 昔太公望、周公旦受封而相见。太公问周公曰："何以治鲁？"周公曰："尊尊亲亲。"太公曰："鲁从此弱矣！"周公问太公曰："何以治齐？"太公曰："举贤而上功。"周公曰："后世必有劫杀之君！"其后齐日以大，至于霸，二十四世而田氏代之。鲁日以削，至三十二世而亡。

---

① 董仲舒《春秋繁露·精华》："大水者，阴灭阳也。阴灭阳者，卑胜尊也。日食亦然，皆下犯上，以贱伤贵者，逆节也。故鸣鼓而攻之，朱丝而胁之，为其不义也。"刘向《说苑·辨物》："至于大水及日蚀者，皆阴气太盛而上减阳精，以贱乘贵，以卑陵尊，大逆不义，故鸣鼓而懾之，朱丝紫而劫之。"

太公问周公治国的方法和驾驭臣下的手段，周公说"尊尊亲亲"，即按照血缘关系，任人唯亲，讲究血缘远近、尊卑等差，太公由此预见到鲁国的贵族必会日益强大，有削弱君权的可能。太公主张重用贤人，周公则认为这样虽然可以选出人才，但是以后必然会有权臣弑君篡位的隐患。周公、太公对彼此的预测后来都应验了。

由上文可知，周时的齐国就率先建立了贤才选拔的制度。然而，汉代在选拔人才方面，却不重视才德，而用"以人随君，以君随天"之说来讨好统治者。就是说，人能否为官及官位的高低，不是完全由个人才能的大小、品德的好坏决定，还要看其是否能投合君主、长官个人的好恶和利益。投合者即使是"窃簪之臣"（《论衡·逢遇》）、"鸡鸣之客"（《论衡·逢遇》），也可以飞黄腾达、身居高位，更有凭借"形佳骨娴，皮媚色称"（《论衡·逢遇》）而受重用之人。王充认为，"处尊居显，未必贤"；"位卑在下，未必愚"（《论衡·逢遇》）。对个人才能的评价，不能因为得到重用就吹捧之，也不能因为得不到重用而诋毁之。所以，王充尤其强调"贤才"在国家发展中的重要作用。如：

> 六国之时，贤才之臣，入楚楚重，出齐齐轻，为赵赵完，畔魏魏伤。韩用申不害，行其《三符》，兵不侵境，盖十五年。不能用之，又不察其书，兵挫军破，国并于秦。（《论衡·效力》）

王充非常重视贤才，认为六国之时，韩国因为重用申不害，并推行申不害《三符》中的政策，别国的军队才不敢侵犯韩国国土；后来，韩国因为不重用韩非①，也不重视韩非的思想，所以，军队打败仗，最终被秦国吞并。《论衡·效力》："案诸为人用之物，须人用之，功力乃立。凿所以入木者，槌叩之也；锸所以能撅地者，跖蹈之也。诸有锋刃之器，所以能断斩割削者，手能把持之也，力能推引之也。"衡量"物"是否有价值的

---

① 据《史记·老子韩非列传》，"不能用之"的"之"指的是韩非。

标准是"物"是否能被人们选择并使用，只有能被人们选择并使用的"物"，它的价值和作用才能体现出来。即使"物"有使用价值，如果没有被人们选择和使用，其价值就无法发挥出来，也就无法成为有用之物。有锋刃的器物，之所以能断开、斩断、割掉、削去东西，也是因为其被人类选择并使用。可见，凡是有用处的东西，都是因为人们使用它，其用处才能体现出来。人亦是如此，只有为社会所用，才能体现其价值，才有可能成为"贤才"。关于"贤才"的标准，王充也有详细的论述：

> 人有知学，则有力矣。文吏以理事为力，而儒生以学问为力。或问扬子云曰："力能扛鸿鼎、揭华旗，知德亦有之乎？"答曰："百人矣。"夫知德百人者，与彼扛鸿鼎、揭华旗者为料敌也。夫壮士力多者，扛鼎揭旗；儒生力多者，博达疏通。故博达疏通，儒生之力也；举重拔坚，壮士之力也。《梓材》曰："强人有王开贤，厥率化民。"此言贤人亦壮强于礼义，故能开贤，其率化民。化民须礼义，礼义须文章。行有余力，则以学文。能学文，有力之验也。（《论衡·效力》）

在王充看来，知识就是力量，人有了知识也就有了力量。文吏以处理官府事务作为力量，儒生则以学问作为力量。"博达疏通，儒生之力也；举重拔坚，壮士之力也。"贤臣在礼义方面有突出的作用，所以任用贤能之人，可以辅佐君王，可以教化百姓。教化百姓需要礼义，学习礼义需要经书。王充还认为，"儒生之力"，是指用知识去教化民众，推动社会政治的完善，这样的力量强于"壮士之力"，所以，"行有余力，则以学文。能学文，有力之验也"，其中"行有余力，则以学文"一句是王充对《论语·学而》的征引，而"能学文，有力之验也"一句是王充对此句的补充。《论语·学而》的原文是："弟子，入则孝，出则悌，谨而信，泛爱众，而亲仁。行有余力，则以学文。"孔子要求弟子在父母面前要懂得孝顺父母，出来要知道尊敬兄长，谨慎而又守信，博爱民众而又亲近有仁德的人。做到这些以后，还有多余精力，就用来学文。此句表面上在说为学，根本上却在强调德行。由此可见，在孔子看来，为学的前提、做人的根本都是美好的德行。

王充在强调重视贤才的同时还强调贤才需要有远大的抱负：

> 曾子曰："士不可以不弘毅，任重而道远。仁以为己任，不亦重乎！死而后已，不亦远乎！"由此言之，儒者所怀，独已重矣，志所欲至，独已远矣，身载重任，至于终死，不倦不衰，力独多矣。夫曾子载于仁，而儒生载于学，所载不同，轻重均也。夫一石之重，一人挈之，十石以上，二人不能举也。世多挈一石之任，寡有举十石之力。儒生所载，非徒十石之重也。（《论衡·效力》）

"士不可以不弘毅，任重而道远。仁以为己任，不亦重乎！死而后已，不亦远乎"一句出自《论语·泰伯》。读书人要心胸宏大、刚强而有毅力，因为责任重大，路途遥远。把仁作为自己的责任，所以，责任重大。奋斗终生，死而后已，所以，路程遥远。王充对此句的理解是"儒者所怀，独已重矣，志所欲至，独已远矣，身载重任，至于终死，不倦不衰，力独多矣"，儒生的抱负重大，志向远大，身上担负的责任也大，直到老死，不疲倦不衰退，精力很强。曾子担负着仁义，儒生担负着学问，虽然担负的方面不同，重要性却是一样的。一个人可以提得起一石的重量，两个人不可能举起十石以上的重量。世上很多人能担起一石的责任，很少有能举起十石重量的力气。而儒生所担负的，却不仅仅是十石的重量。王充引用并详细注解了《论语》中曾子所说的话，不仅说明了王充对贤才的渴望，更表达了王充对贤才在其应有位置上的渴望。他认为，有才能的人得不到应有的重用，也就发挥不出其应有的能力。

> 故叔孙通定仪，而高祖以尊；萧何造律，而汉室以宁。案仪律之功，重于野战；斩首之力，不及尊主。故夫垦草殖谷，农夫之力也；勇猛攻战，士卒之力也；构架斫削，工匠之力也；治书定簿，佐史之

> 力也;论道议政,贤儒之力也。人生莫不有力,所以为力者,或尊或卑。孔子能举北门之关,不以力自章,知夫筋骨之力,不如仁义之力荣也。(《论衡·效力》)

在王充看来,叔孙通制定朝仪,汉高祖因此受到尊重;萧何制定法律,汉朝因此得以安宁。由此可见,朝仪、法律的功绩,重于打仗;斩杀敌首的能力,比不上对君主的尊崇。所以,耕田除草、种植五谷,是"农夫之力";勇猛打仗,是"士卒之力";架屋削梁,是"工匠之力";处理公文,是"佐史之力";评论先王之道,议论国家大事,是"贤儒之力"。人生来都有一定的能力,只是用来发挥能力的工作,有尊有卑。孔子能够举起北门的闸门①,却并不因此而炫耀,是因为他知道"筋骨之力"不如"仁义之力"荣耀。王充据此将儒者分为儒生、通人、文人、鸿儒四类,并认为"能说一经者"是儒生,"博览古今者"是通人,"采掇传书以上书奏记者"是文人,"能精思著文连结篇章者"(《论衡·超奇》)是鸿儒。这是王充按照孔子所谓的"先有司"而进行的不同分类。王充还认为鸿儒是"超而又超""奇而又奇"的"世之金玉"。鸿儒"文有深指巨略,君臣治术,身不得行,口不能继,表著情心,以明己之必能为之也"(《论衡·超奇》)。可是,地方长官多是"怀俗人之节"的"瞽言之徒"(《论衡·超奇》),使得真正有学识之人不受重视,甚至被埋没。

王充反对东汉政府重文吏、轻儒生的官员选拔制度,认为儒生与文吏各有所能。《论衡·程材》:"儒生所学者,道也;文吏所学者,事也。""儒生治本,文吏理末。"王充认为官场腐败的直接原因就是文吏虽能理事却无节操。《论衡·程材》:"文吏幼则笔墨,手习而行,无篇章之诵,不闻仁义之语。长大成吏,舞文巧法,徇私为己,勉赴权利。考事则受赂,临民则采渔,处右则弄权,幸上则卖将。一旦在位,鲜冠利剑;一岁典

---

① 指古代城门洞上的活动闸门,可随时放下,拦阻攻城的敌人。《吕氏春秋·慎大览》载,孔子能把城门洞上沉重的活闸门举上去,却不愿意让人知道他有如此大的力气。

职，田宅并兼。性非皆恶，所习为者违圣教也。"文吏从小就练习写字，"手习而行，无篇章之诵，不闻仁义之语"，长大做了文吏，舞文弄法，顺着私心为自己，一味追求个人的权力和利益，即"一旦在位，鲜冠利剑；一岁典职，田宅并兼"。王充还认为，"文吏"的本性并不都是坏的，只是后天所学违背了孔孟之道罢了。

王充还强调对事物的认识不能仅仅停留在耳目层面，还需要"善心"，人才的选拔，需要考察人才是否有"善心"，"善心"指的是一颗仁善之心。《论衡·定贤》："夫贤者，才能未必高也而心明，智力未必多也而举是。何以观心？必以言。有善心，则有善言。以言而察行，有善言则有善行矣。言行无非，治家亲戚有伦，治国则尊卑有序。无善心者，白黑不分，善恶同伦，政治错乱，法度失平。故心善，无不善也；心不善，无能善。心善则能辩然否。然否之义定，心善之效明，虽贫贱困穷，功不成而效不立，犹为贤矣。"王充认为，"贤者"的才能不一定高，但能明辨是非，智力不一定多，但行为没有错误。"有善心，则有善言。以言而察行，有善言则有善行矣。""言行无非"，治家可以使亲属间讲伦理，治国可以使尊卑间有秩序。"无善心者，白黑不分，善恶同伦，政治错乱，法度失平。"所以，只要有"善心"，就没有什么是不好的；心不善，就没有什么是好的。"心善则能辩然否"，即使"贫贱困穷，功不成而效不立"，也仍然是贤者。所以，在王充看来，成为贤才的必要条件是有一颗"善心"，实际上是要求重用德才兼备之人。

《论语》中也有人人各司其职、各尽其能的"举贤才"的思想。《论语·子路》载，仲弓为季氏宰，问政。子曰："先有司，赦小过，举贤才。"曰："焉知贤才而举之？"曰："举尔所知；尔所不知，人其舍诸？"仲弓向孔子请教政事。孔子认为应"先有司，赦小过，举贤才"，"先有司"指人人各司其职、各得其所，本质上强调制度合理，只有好的制度，才可能出"贤才"；"赦小过"是一种对"贤才"包容的态度，以不拘小节的态度对待贤才，有利于调动贤才工作的积极性。可见，"先有司"

"赦小过"是"举贤才"的必要条件。关于如何"举贤才",孔子认为:"举尔所知;尔所不知,人其舍诸?"

王充还认为,真正的人才是可以学以致用并能将理论与实践联系起来的人:

> 夫通人览见广博,不能掇以论说,此为匿书主人,孔子所谓"诵《诗》三百,授之以政,不达"者也,与彼草木不能伐采,一实也。孔子得史记以作《春秋》,及其立义创意,褒贬赏诛,不复因史记者,眇思自出于胸中也。凡贵通者,贵其能用之也。即徒诵读,读诗讽术,虽千篇以上,鹦鹉能言之类也。衍传书之意,出胸腴之辞,非俶傥之才,不能任也。夫通览者,世间比有;著文者,历世希然。(《论衡·超奇》)

见识广博却不会学以致用的人,是藏书家,如同孔子所说的"诵《诗》三百,授之以政,不达"者,这些人同认识草木却不能加以采伐和运用的人是一回事。"诵《诗》三百,授之以政,不达"一句是王充引用《论语》中孔子的话,原文为:"诵《诗》三百,授之以政,不达;使于四方,不能专对,虽多,亦奚以为?"(《论语·子路》)孔子强调运用所学的知识,读《诗经》亦是如此。孔子认为,把《诗经》背得很熟,授予官职,却处理不好政务,当外交使节,不能单独处理好与别国的关系,谈判酬酢也达不到国君的目的,就算背的内容再多,又有什么用处呢?孔子特别注重弟子们对《诗经》的学习,将《诗经》作为入门之课以教弟子,如《论语·阳货》:"小子何莫学夫诗?诗,可以兴,可以观,可以群,可以怨。迩之事父,远之事君;多识于鸟兽草木之名。"孔子要求学生好好学习《诗经》,因为学习《诗经》可以"兴""观""群""怨",近可以用来侍奉父母,远可以侍奉君主,还可以多知道一些鸟兽草木的名字。孔子还曾教导儿子孔鲤"不学诗,无以言"(《论语·季氏》)。这里孔子强调的"兴""观""群""怨","事父""事君",以及"言"的前提都是将所学理论联系实际才能学以致用。

王充不仅不认同孔子所谓"多识于鸟兽草木之名",而且认为"彼草木不能伐采"者与孔子所说的"诵《诗》三百,授之以政,不达"者,在本质上是一样的。他还认为:"入山见木,长短无所不知;入野见草,大小无所不识。然而不能伐木以作室屋,采草以和方药者,此知草木所不能用也。"(《论衡·超奇》)进山里看见树木,是长是短没有不知道的;到野外看见青草,是粗是细没有不了解的。然而却不会砍伐树木用来制作房子,不会采集百草用来配方调药,这是知道草木而不会运用。由此可知,王充对学以致用的要求比孔子高得多:"凡贵通者,贵其能用之也。即徒诵读,读诗讽术,虽千篇以上,鹦鹉能言之类也。"孔子所言,针对的是弟子,以期弟子可以学以致用。而王充所强调的"能用"者,是"超而又超""奇而又奇"的"世之金玉",即鸿儒,所以,"夫通览者,世间比有;著文者,历世希然"。

综上所述,王充的人才观最为主要的内容是"举贤才",在"举贤才"的过程中倡导统治者重视有知识、有德行的人才,在人才培养方面也强调"德"与"力"并用。最为重要的是,在人才选拔方面要求做到人尽其才、才尽其用。对于人才的标准,王充也有一定的见解,认为只有品德高尚且可以理论联系实际的人才是真正的人才。

二

王充与先秦道家政论

道家以"自然"为中心,政治思想也受到其影响。"道家以'道'为为政之道,而道的特性是'无为而无不为'(《老子·三十七章》)。一方面,道对于天地万物'无为';另一方面,道通过'无为'实现其'无不为'的效果。这是说,道之于天地万物以'无为'为手段、以'无不为'为目的。基于道的'无为'特性,道家在社会政治领域提出'无为而治'

的为政方法，强调为政者因顺无为，不干预为政对象。"① 道家以"无为而治"为为政方法，对王充政治思想的影响很大，不同的是王充所提倡的"无为而治"是其政治思想之中施政的最高原则。前者视"无为而治"为基本原则，是最低要求；后者视"无为而治"为最高原则，是最高要求。

（一）相忘于治

在王充看来，理想的君臣关系是"君臣相忘于治"，在无为之治下，君臣彼此忘怀，各不相扰，逍遥自得。《论衡·自然》："天道无为，听恣其性，故放鱼于川，纵兽于山，从其性命之欲也。不驱鱼令上陵，不逐兽令入渊者，何哉？拂诡其性，失其所宜也。夫百姓，鱼兽之类也，上德治之，若烹小鲜，与天地同操也。……道家德厚，下当其上，上安其下，纯蒙无为，何复谴告？故曰：政之适也，君臣相忘于治，鱼相忘于水，兽相忘于林，人相忘于世，故曰天也。孔子谓颜渊曰：'吾服汝，忘也；汝之服于我，亦忘也。'以孔子为君，颜渊为臣，尚不能谴告，况以老子为君，文子为臣乎！老子、文子，似天地者也。"可见，"天道无为"，听任万物放纵自己的本性，所以把鱼类放在河里，把兽类放在山中，顺从"性命"的需求。之所以"不驱鱼令上陵，不逐兽令入渊"，是因为这样做会违背鱼和兽的本性，使它们失去适宜的生存环境。百姓与鱼类、兽类相同，具有最高道德的人治理他们，就好像煎小鱼不随意搅动那样，与天地具有同样的道德。道家道德高尚，下面敬仰上面，上面也适应下面，纯朴浑厚顺应自然。理想的政治状态是：君臣彼此相忘于无为之治，鱼类彼此相忘于水中，兽类彼此相忘于林中，人类彼此相忘于世。这里的状态指的是彼此忘怀，各不相扰，逍遥自在。孔子回想过去的颜渊，全都忘记了，颜渊回想过去的孔子，也全都忘记了。上天不会谴告孔子和颜渊，更不会谴责如同天地一样存在的老子和文子。

"上德治之，若烹小鲜"源于《老子》第六十章"治大国，若烹小

---

① 陆建华：《道家政治思想的当代价值》，《学术研究》2013 年第 11 期。

鲜",说的是治理大国要如同煎小鱼,不能操作过多,要无为而治。《文子·上德》:"老子曰:主者,国之心也,心治即百节皆安,心扰即百节皆乱,故其身治者,支体相遗也,其国治者,君臣相忘也。"《庄子·大宗师》:"泉涸,鱼相与处于陆,相呴以湿,相濡以沫,不如相忘于江湖。与其誉尧而非桀也,不如两忘而化其道。"泉水干了,鱼的身体处于干涸的陆地上,如果要保持"鱼相",则要"相呴以湿,相濡以沫",不如把它们放到江湖之中,这样就可以忘掉它们的"相"。与其赞誉尧、不认可桀,不如忘了他们,将他们化为"道"。由此可见,王充的君臣彼此相互忘却而又逍遥自在的"君臣相忘于治"理念来源于《文子》和《庄子》。另外,孔子和颜渊的谈话"吾服汝,忘也;汝之服于我,亦忘也"来源于《庄子·田子方》,原文是"吾服女也甚忘,女服吾也亦甚忘",我对你形象的思存很快就会遗忘,你对我形象的思存也会很快成为过去。

可见,在王充看来,治理国家应该同"天道"相一致,君王治理天下应该遵循事物的本性,对待百姓应该如将鱼类放到河里、将兽类放归林间一般任其自由成长,如煎"小鲜",顺其自然,不强加干涉,无为而治。只有这样,才能实现"君臣相忘于治,鱼相忘于水,兽相忘于林,人相忘于世"(《论衡·自然》)。王充还举例子证明"相忘于治"的合理性,他认为,"黄帝、尧、舜垂衣裳而天下治"(《论衡·自然》),蘧伯玉治卫,以及汉初的曹参为汉相、汲黯治淮阳等,都是"相忘于治"的典型。

(二)无为自化

"老子认为君王有四类、治道有四种,君王之四类取决于治道之四种,君王的优劣高下与治道的优劣高下是一致的;君王划分的标准,从君民关系的维度来看是民对于君王的认知和情感,从君王自身的维度来看是君王为政天下所选择的治道。"[①] 君王"无为",百姓则能"自化"。"无为"是

---

① 陆建华:《新道家与当代中国新哲学——以老庄为核心的阐释》,安徽大学出版社,2016,第126页。

核心，不仅是君王的素质，而且是君王对百姓的态度；"自化"则是君王"无为"的结果。

《论衡·自然》："生庸庸之君，失道废德。"正是由于君王的昏庸无道，天道才不能正常运行，道德才会被抛弃。《论衡·答佞》："庸庸之君不能知贤；不能知贤，不能知佞。"昏庸无道的君主不会分辨贤者和佞人，所以也无法任用贤者，而是专宠阿谀奉承的奸佞小人。由此可见，对于这种"庸庸之君"，王充是十分反感的。怎样的君主才不是"庸庸之君"？《论衡·自然》："夫百姓，鱼兽之类也，上德治之，若烹小鲜，与天地同操也。"源于《老子》第六十章："治大国若烹小鲜。"何以治大国？无非以"道"而治、无为而治，老百姓如同鱼类、兽类，只有由具有最高道德水准的人治理他们，才不会伤害到他们。在王充看来，治国治民不仅要无为而治，而且要小心谨慎。

《老子》第三十七章："道常无为而无不为。侯王若能守之，万物将自化。""道"永远顺任自然而无所作为，却又没有什么事情不是它所作为的。"侯王"如果能按照"道"的原则为政，"万物"将会"自化"。《老子》第三十二章："道常无名，朴。虽小，天下莫能臣也。侯王若能守之，万物将自宾。""道"是无名而质朴的，虽然很小且不可见，天下却没有谁可以使之服从于自己。"侯王"如果可以依照"道"的原则治理天下，百姓会自然而然地归顺"侯王"。可见，在老子看来，万物"自化""自宾"是君主"无为""守道"的结果。《老子》第五十七章："我无为，而民自化；我好静，而民自正；我无事，而民自富；我无欲，而民自朴。"只有统治者保持"无为""好静""无事""无欲"，老百姓才能"自化""自正""自富""自朴"。这里的"自化""自正""自富""自朴"是自"为"的具体表现。可见，虽然统治者"无为"，百姓却可以自"为"。只有统治者对百姓不加干预，才能使百姓自治。所以《老子》第六十四章有"以辅万物之自然而不敢为"，《老子》第二十九章有"天下神器，不可为也"的说法。因此，只有统治者做到"处无为之事，行不言之教"（《老子》第二章），老百姓才能"自化"。王充吸收了《老子》中"无为"和

"自化"的理论。之所以"无为",是因为不需要"为"。因为"无为",所以"自化"。《论衡·自然》:"故无为之为大矣。本不求功,故其功立;本不求名,故其名成。沛然之雨,功名大矣,而天地不为也,气和而雨自集。"因此,顺应自然变化的作用更大。不想追求功业,反而建立了功业;不想追求名声,反而获得了名声。滋润农作物的大雨,功业名声是很大的,却不是天有意而为,而是阴阳之气和顺而自然降落。以上内容同"无心于为而物自化,无意于生而物自成"(《论衡·自然》)一样,都是对《老子》"无为"和"自化"理论的吸收和运用。

《论衡·宣汉》:"夫太平以治定为效,百姓以安乐为符。"就是说天下太平以社会安定为吉兆,老百姓以安居乐业为吉兆。老百姓安居乐业既是天下太平的证明,又是统治者治理成果的体现。《论衡·宣汉》:"时或实然,证验不具,是故王道立事以实,不必具验。圣主治世,期于平安,不须符瑞。"先王之道是用事实作为判断天下太平的根据,不要求有祥瑞。因为贤明的君主治理天下,只希望天下太平、百姓安居乐业,而不是期待符瑞,并以此彰显自己的功绩。以上内容同《老子》第七十二章一脉相承:"民不畏威,则大威至。无狎其所居,无厌其所生。夫唯不厌,是以不厌。是以圣人自知不自见,自爱不自贵。故去彼取此。"老百姓不畏惧统治者的威力,更可怕的事就会发生。可见,老子反对统治者对老百姓施行高压暴政,认为统治者应该保证老百姓的生活场所的安定和谋生之道的安稳,即使做出一些成绩,也不能骄傲自满,要保持低调的品格。圣人不但有自知之明和自爱之心,而且不自我表现和自居高贵。所以,统治者应该舍弃"自见""自贵"而保持"自知""自爱"。

《老子》第二章:"处无为之事,行不言之教。"理想的统治者用"无为"去处事、为政,用"不言"去教导老百姓。具体做法如《老子》第四十九章所言:"圣人常无心,以百姓心为心。善者,吾善之;不善者,吾亦善之;德善。信者,吾信之;不信者,吾亦信之;德信。圣人在天下,歙歙焉,为天下浑其心,百姓皆注其耳目,圣人皆孩之。"理想的统治者没有私心,以百姓的心为心,最终使得人人守信、人人向善。只有这种贤明的统治者的治理，才能使人人都如同婴儿般纯真。对于这种如同婴儿般纯真的美好状态的向往，王充也进行了多次描述。《论衡·感虚》："尧时，五十之民击壤于涂。"《论衡·艺增》："有年五十击壤于路者。"《论衡·自然》："年五十者击壤于涂，不能知尧之德，盖自然之化也。"以上是《论衡》中对年五十者击壤的记载，后世一般将之视为记录尧之盛世的典故。

（三）无为而治

王充不仅赞成"无为而治"，而且认为道家的"无为而治"思想并非空想，而是可以实践的治国之道，并为之找到了现实的依据。《论衡·自然》："蘧伯玉治卫，子贡使人问之：'何以治卫？'对曰：'以不治治之。'夫不治之治，无为之道也。"蘧伯玉是卫国的大夫，与孔子同时代人。子贡让人问蘧伯玉治理卫国的方法，蘧伯玉说："以不治治之。"王充认为这种不治而治的方法，就是"无为而治"。

王充说的第一个案例是黄帝、尧、舜，认为"黄帝、尧、舜垂衣裳而天下治"就是"无为而治"。

> 易曰："黄帝、尧、舜垂衣裳而天下治。"垂衣裳者，垂拱无为也。孔子曰："大哉，尧之为君也！惟天为大，惟尧则之。"又曰："巍巍乎！舜、禹之有天下也，而不与焉。"周公曰："上帝引佚。"上帝，谓舜、禹也。舜、禹承安继治，任贤使能，恭己无为而天下治。舜、禹承尧之安，尧则天而行，不作功邀名，无为之化自成，故曰"荡荡乎民无能名焉"。（《论衡·自然》）

黄帝、尧、舜什么都没做，就达到天下大治，说的便是无为而治。在孔子看来，只有尧能够效法天，舜和禹则做到了无为而治；在周公看来，"上帝引佚"。舜、禹继承了尧安治天下的方法，任人唯贤，恭敬自持，顺应自然，而天下大治。舜、禹继承的是尧安治天下的方法，尧遵循的则是

"天道自然无为"的原则,因无为而治而获得成功。所以才有"荡荡乎民无能名焉"的美誉。在王充视界中,黄帝、尧、舜之所以可以实现"天下治",是因为他们推行了无为而治的治国之道;而这种治国之道之所以可以推行,是因为尧、舜、禹都做到了"承安继治"。

王充在《论衡》中多次提到《击壤歌》的传说,笔者认为,王充这是为了辅证其"黄帝、尧、舜垂衣裳而天下治"就是"无为而治"。

> 尧时,五十之民击壤于涂。观者曰:"大哉,尧之德也!"击壤者曰:"吾日出而作,日入而息,凿井而饮,耕田而食,尧何等力?"(《论衡·感虚》)
>
> 《论语》曰:"大哉,尧之为君也!荡荡乎民无能名焉。"传曰:"有年五十击壤于路者,观者曰:'大哉,尧德乎!'击壤者曰:'吾日出而作,日入而息,凿井而饮,耕田而食,尧何等力!'"此言荡荡无能名之效也。言荡荡,可也;乃欲言民无能名,增之也。(《论衡·艺增》)
>
> 尧则天而行,不作功邀名,无为之化自成,故曰"荡荡乎民无能名焉"。年五十者击壤于涂,不能知尧之德,盖自然之化也。(《论衡·自然》)
>
> 孔子称:"大哉,尧之为君也!唯天为大,唯尧则之。荡荡乎民无能名焉。"或年五十击壤于涂。或曰:"大哉,尧之德也!"击壤者曰:"吾日出而作,日入而息,凿井而饮,耕田而食,尧何等力?"……夫孔子及唐人言"大哉"者,知尧德,盖尧盛也;击壤之民云"尧何等力",是不知尧德也。(《论衡·须颂》)

《论衡》中四次提及《击壤歌》,两次征引孔子对尧的赞美之词:"大哉,尧之为君也!荡荡乎民无能名焉。"孔子认为尧的功德大到老百姓不知道如何去歌颂,如同天一般伟大。对于孔子的这种赞美,击壤者却说:"吾日出而作,日入而息,凿井而饮,耕田而食,尧何等力?"孔子和唐尧时,之所以会有人称颂尧"大哉",是因为了解尧的功德。击壤者之所以会认为"尧何等力",是因为不了解尧的功德。王充认为夸赞尧"荡荡",是真实的,但是说"民无能名",是失实的。王充还认为,"称尧之荡荡,不能述其可比屋而封;言贤者可比屋而封,不能议让其愚而无知之",因为"击壤者难以言比屋,比屋难以言荡荡",之所以会夸张,是为了"美尧之德"(《论衡·艺增》)。

笔者认为,虽然王充否定了"民无能名",认为"不能知尧,何可封官"(《论衡·艺增》),但是王充否定的只是被夸张的事情,对于"尧之德"则始终是肯定的。年五十者还能在路边玩"击壤"①的游戏,可以说明以下几点。首先,年五十者保持了一颗赤子之心;其次,社会生活环境安定和睦,百姓安居乐业,衣食无忧,不必为生存而忧;最后,君民处于"相忘"而又"自然"美好的状态,互相实现了"无为"。所以,"尧时,五十之民击壤于涂"是天下大和、百姓无事的体现。

王充说的第二个案例是曹参"纵酒歌乐,不听政治"。《论衡·自然》:"曹参为汉相,纵酒歌乐,不听政治,其子谏之,笞之二百。当时天下无扰乱之变。"汉初统治者崇黄老之术,"萧规曹随"是"无为而治"的典型案例。曹参接替萧何做了丞相后,所有政体制度都未改变,全部遵照萧何制定的规章法度。虽"纵酒歌乐,不听政治",但也没有因此而发生混乱。

以上案例并非王充杜撰的,而是有据可寻的,《史记·曹相国世家》载:"参免冠谢曰:'陛下自察圣武孰与高帝?'上曰:'朕乃安敢望先帝乎!'曰:'陛下观臣能孰与萧何贤?'上曰:'君似不及也。'参曰:'陛下言之是也。且高帝与萧何定天下,法令既明,今陛下垂拱,参等守职,遵而勿失,不亦可乎?'惠帝曰:'善。君休矣。'参为汉相国,出入三年。卒,谥懿侯。子窋代侯。百姓歌之曰:'萧何为法,顜若画一;曹参代之,守而勿失。载其清净,民以宁一。'"② 曹参认为汉高帝与萧何平定天下之

---

① 击壤,相传为尧时的一种游戏。壤是状似鞋底的木板。游戏时,把一块壤放在地上,然后在三四十步外的地方,用另一块壤去投掷它,投中的算赢。后以"击壤"为歌颂太平盛世之典。
② 司马迁:《史记》,中华书局,2014,第 2465~2466 页。

后，法令明确，汉惠帝垂衣拱手，自己"守职，遵而勿失"即可。曹参死后，百姓们歌颂曹参，认为萧何制定法令，明确划一；曹参接替萧何为相之后，遵守萧何制定的法令不变，施行清静无为的政策，因而百姓生活安宁。"参为汉相国，清静极言合道。然百姓离秦之酷后，参与休息无为，故天下俱称其美矣。"① 司马迁认为，曹参作为汉朝相国，主张清静无为，完全合于道家的学说；在百姓遭受秦朝的酷政统治后，曹参给予百姓休养生息的时间，所以天下的人都称颂曹参的美德。

王充说的第三个案例是汲黯"高枕安卧，而淮阳政清"。《论衡·自然》："淮阳铸伪钱，吏不能禁，汲黯为太守，不坏一炉，不刑一人，高枕安卧，而淮阳政清。"淮阳地方铸造假钱，官吏无法禁止，汲黯任淮阳太守之时，没有坏一座铸钱炉，也没有惩罚一个铸造假钱的人，却"高枕安卧，而淮阳政清"。

汲黯，西汉名臣，为人耿直，不畏权贵，好直谏，汉武帝称其为"社稷之臣"。汉武帝虽敬畏汲黯，却不重用他，其官越当越小。最后为淮阳太守，卒于任上。《史记·汲郑列传》载："黯学黄老之言，治官理民，好清静，择丞史而任之。其治，责大指而已，不苛小。黯多病，卧闺阁内不出。岁余，东海大治。称之。……治务在无为而已，弘大体，不拘文法。"② 汲黯崇道家之学，治官理民，喜好清静少事，把事情都交托给自己挑选出的得力的郡丞和书史去办。治理郡务，只督查下属按大原则行事，不苛求小节。汲黯体弱多病，常躺在卧室内休息不出门。一年多的时间，东海大治。百姓都称赞他。汲黯之所以可以实现"东海大治"，是因为他"治务在无为而已，弘大体，不拘文法"。淮阳"铸伪钱"且"吏不能禁"，之所以"吏不能禁"，不是"不能禁"，而是当地官员不作为。"铸伪钱"关系到国计民生，是"大指"，而非"小"，所以"治务在无为"。而"汲黯为太守，不坏一炉，不刑一人"，就是"无为"的具体表现。汲

---

① 司马迁：《史记》，中华书局，2014，第2467页。
② 司马迁：《史记》，中华书局，2014，第3773~3774页。

黯所谓"无为"与老子"无为"同，指顺应自然，只有顺应自然，治理社会的效果才能比法令、规章、制度、道德、知识等有力。这里的顺应自然也有顺应人的天性之意，只有官员和百姓各尽其能，各守其职，才能相安无事，否则就会适得其反。所以，治理"铸伪钱"最好的方法是"无为"。王充所谓"高枕安卧，而淮阳政清"并非无稽之谈，是有理论依据的。

综上，黄帝、尧、舜在治国上都达到了无为而治。"至德纯渥之人，禀天气多，故能则天，自然无为"（《论衡·自然》），人的最高境界是效法天"自然无为"，黄帝、尧、舜都是"至德纯渥之人"，所以可以效法天实行无为而治。在王充视界中，最为理想的治理模式就是"无为而治"，他对曹参、汲黯无为而治的治理模式十分赞赏。

第六章 自然观

CHAPTER 6

"自然"二字连用的历史较早,先秦就已出现,但是,在先秦,直接提到"自然"二字的是道家,儒家虽有"自然"思想,却没有直接提到"自然"二字。有学者认为道家"自然"的含义主要有二:一是天然的、万物的本然状态,即"以辅万物之自然而不敢为"(《老子》第六十四章);二是无意识、无目的、无为无造,即"莫之命而常自然"(《老子》第五十一章),"吾所谓无情者,言人之不以好恶内伤其身,常因自然而不益生也"(《庄子·德充符》)。① 王充以后的玄学家通过对"自然"和"名教"关系的探讨,对"自然"进行了改造,使"自然"的内涵发生了变化,即"自然"被儒化了。所谓"自然"的儒化,实际上就是"自然"的"名教"化。② 实际上,王充的"自然"学说,已经融合儒道两家的"自然"思想,即王充"自然"概念源于道家学说,并以此为理论基础反对儒家"天人感应"说。

"自然"之说贯穿整本《论衡》,王充还专门著有《自然》一篇,"自然"一词在《论衡》中前后共计出现66次③,而且不包括虽言及"自然"

---

① 季乃礼认为,老子把"自然"与道联系起来,"道法自然",而道和仁义是相对的,"大道废,有仁义"。庄子亦云:"礼者,世俗之所为也;真者,所以受于天也,自然不可易也。"(《庄子·渔父》)庄子说,古代之人"在混芒之中,与一世而得澹漠焉",当时"阴阳和静,鬼神不扰,四时得节,万物不伤,群生不夭,人虽有知,无所用之,此之谓至一",当时的人们"莫之为而常自然"(《庄子·缮性》)。但后来的人们破坏了这种"自然",出现了圣人,发展出了仁义,才导致人与人争夺,社会混乱。因此道家主张绝圣弃智,遁归"自然"。参见季乃礼《试论玄学中"自然"的儒化》,《社会科学战线》1996年第6期。
② 汉武帝时期,为了统治的需要,将符合封建统治利益的政治观念、道德规范等立为名分,定为名目,号为名节,制为功名,以之进行教化,称"以名为教",即"名教"。
③ 邓红:《王充新八论续编》,中国社会科学出版社,2007,第161页。

之意，却未使用"自然"之词的地方。当然，王充"自然"之说与道家"自然"之说并不完全相同。王充所谓的"自然"与先秦道家"自然"之说只有部分相似，还有部分不同，这些不同之处有理论来源的不同，也有王充对理论本身的创新与发展。王充"自然"之说的理论来源还有先秦儒家的"自然"之说，当然，亦有王充对先秦儒道两家"自然"之说的发展与创新。

一

王充与先秦儒家自然观

王充吸收道家的天道思想和"自然"观念，认为天是无意识的、"自然无为"的存在，所以，天不能谴告君王，天无瑞应，天不能赐福降灾。我们不仅要注意王充的"自然之天"受道家"自然之天"的影响，更要注意王充的"自然之天"受儒家"自然之天"的影响。王充对儒家"自然之天"的论述有直接的征引和注释，所以，笔者认为，王充的"自然之天"应该也受到儒家"自然之天"理论的影响。如前文（本书第一章）所说，王充的"疾虚妄"最为有效的方法是揭示"虚妄"之事物内在的自相矛盾之处，使之难以自圆其说，从而失去说服力。王充对儒家"天人感应"说的批判，最有力的武器非道家思想，而是儒家思想，即儒家的"自然之天"。先秦儒家学派的代表人物孔子、孟子、荀子的"自然之天"思想，对王充均有较大的影响。

王充认为孔子之"天"是没有意志的，四季的更替、万物的生息是自然现象。① 王充还引用《论语》中"天何言哉？四时行焉，百物生焉"以反对儒家"天人感应"说，认为天地是不可能对"人之言"有答复的，卜筮活动之所以让人们感觉到人似乎可以同天对话，只是因为卜筮者利用了

---

① 《论衡·卜筮》："孔子曰：'天何言哉？四时行焉，百物生焉。'天不言，则亦不听人之言。天道称自然无为，今人问天地，天地报应，是自然之有为以应人也。"

事物相互仿效的原理而已。① 王充以孔子所说的"天何言哉？四时行焉，百物生焉"一句来反对儒家"天人感应"说，以"天地"不能答复"人之言"来揭示卜筮者只是利用了事物相互仿效的原理来进行卜筮活动。王充对孟子"自然之天"的解读与对孔子"自然之天"的解读方法不同，王充对"自然之天"论述的解读，可以清晰地看到孟子"自然之天"的身影。王充在孟子的基础上，吸收汉时更为科学的天文知识，并详细地论述了天体的运行规律。② 孟子"自然之天"强调的天的运行具有不以人的意志为转移的客观必然性，也是王充"自然之天"所强调的。王充对荀子"自然之天"理论的解读③有助于我们对荀子"自然之天"的理解。王充认为荀子的天是与地相对的"自然之天"，天地运动可以产生阴阳二气，阴阳二气交互感应，能生成自然万物。天地皆是含气的物质实体，天地运动，就自然而然地施放出构成人和万物的气。气来源于天，所以说"气皆统于天"。王充由此得出"人不能以行感天，天亦不随行而应人"（《论衡·明雩》）的结论。决定"殃祸"与"治世"④的不是"天"，而是人，所以，天不能与人相感应，天人相分。

  王充受"自然"学说的影响，以气释性，对宋儒气质之性亦有影响。王充认为人的本性无论善恶都可以改变，而实现这种先天之性转变的关键在于后天的"教告率勉"。所以，王充尤其重视教育的引导、法制的规范、先进人物的表率以及环境的浸润作用。王充以气释性、以气释命的理论基

---

① 《论衡·卜筮》："案《易》之文，观揲蓍之法，二分以象天地，四揲以象四时，归奇于扐，以象闰月。以象类相法，以立卦数耳，岂云天地告报人哉？"王充认为《周易》中的文字所记载的用蓍草算卦的方法，是将蓍草分成两部分，并以此象征天与地，每四根一组，以此象征四季，剩余的放在旁边，以象征闰月。这是利用类似的事物相互仿效，以此确定构成卦象的数字罢了，并不是天地真的会答复卜筮的人。
② 本书第一章"天论"部分有详细论述，此处不赘述。
③ 本书第一章"天论"部分有详细论述，此处不赘述。
④ 《荀子·天论》："受时与治世同，而殃祸与治世异，不可以怨天，其道然也。故明于天人之分，则可谓至人矣。"荀子认为，天按一定的规律运行，不因为任何人或存或亡。办事只要顺应自然规律就可以办好，反之，就办不好。"受时"与"治世"相同，"殃祸"与"治世"不同，事物的规律如此，不能因此而"怨天"。所以，人只要能明辨自然界的规律，然后采取相应行动，就可以称得上圣人。

础有道家的"自然"学说、"气自然"论，也有儒家的"自然"学说。王充思想体系中有三个特别重要且相互关联的概念，即"气""性""命"。无论以气释性还是以气释命，最为重要的概念都是"气"，"性"与"命"都由"气"所构成。

二

王充与先秦道家自然观

老子哲学的核心内容是"自然""无为"，王充直接继承道家"自然""无为"的概念，提出"天道自然无为"思想，可见，王充哲学思想以道家"自然""无为"思想为理论基础。"自然"既是宇宙的最高法则，又是万物存在的共性。"自然"一词以哲学范畴出现始见于《老子》。道家思想的核心是"自然""无为"，最高法则是"道法自然"。"自然"一词在《老子》中出现五次，在《庄子》中出现七次。① 中国哲学视域下的"自然"指的是一种自然而然、本该如此的状态。综观《论衡》，王充对"自然"一词的使用总是伴随着"天道"或"无为"，或三者一同出现。王充的"自然"思想虽来源于道家，但是，经过王充继承和发展之后的"自然"学说，比道家"自然"学说的范围大了许多，从而形成其特有的"天道自然论""元气自然论""自然命定论"。

王充在论述其天道观时，凡是涉及道家的地方，都以黄、老并称。王充在《论衡·自然》中对"黄""老"二字进行了简单的解释："贤之纯者，黄、老是也。黄者，黄帝也；老者，老子也。"由此可见，王充认为圣贤中最纯的人是"黄""老"，"黄"指黄帝，"老"指老子。道家将黄帝和老子二人尊称为始祖，但是，只有老子有真正的学术思想。所以，王充虽然将黄、老连用并以此指代道家，实际上指的却是以老、庄为代表的

① 季乃礼：《试论玄学中"自然"的儒化》，《社会科学战线》1996年第6期。

原始道家。陈拱也持此观点，认为："王充所说的道家，本来系指原始道家，亦即是黄、老而说的。黄、老并称，乃是西汉初年，道家'无为'之术用于政治的影响。其中的黄帝究竟如何，现在文献不足，无法对照；至于老子，毕竟还流传著《道德经》五千言。因为，要了解王充与道家之'自然、无为'的意义是否符合，我们只须就老子《道德经》中所说的加以对照，即已足够了。"①

> 夫寒温、谴告、变动、招致，四疑皆已论矣。谴告于天道尤诡，故重论之，论之所以难别也。说合于人事，不入于道意。从道不随事，虽违儒家之说，合黄老之义也。（《论衡·自然》）

从《论衡·自然》之"道家论自然，不知引物事以验其言行，故自然之说未见信也"一句可见，在王充视界中，道家在论"自然之说"时不懂得用具体事物作为论据，使得道家"自然之说"缺乏事实支撑，因而没有被人们普遍接受。王充打破了道家思想的这种局限，在《论衡》中举了大量事实验证其"自然之说"，甚至其所有的思想都如此。如在《论衡·寒温》《论衡·谴告》《论衡·变动》等篇用大量事实验证其"自然之说"，并以此反对儒家的"天人感应"说。王充认为，天是无意识的物质实体，如"天道，自然也，无为"，所以，自然灾害的发生只是自然现象，"风气不和，岁生灾异"，如同人患疾病，是"血脉不调"（《论衡·谴告》）所致。君主的喜怒不能决定天气的寒温，虽然自然变化可以影响人和物，但是，"人不能动地，而亦不能动天"（《论衡·变动》），因为"寒暑有节，不为人变改也"（《论衡·变动》）。以上之说，在王充看来虽"合于人事"，却"不入于道意"。王充还认为其服从自然的道理"虽违儒家之说，合黄老之义也"（《论衡·自然》）。

---

① 陈拱：《王充思想评论》，（台北）商务印书馆，1996，第64页。

（一） 自然而然的状态

王充继承和发展了老、庄"自然"之说中的万物非人为的本然状态的部分。田昌五认为王充的"自然"之说有两层含义："一是说自然界是客观存在着的，一是指自然界的变化的客观性。"①《剑桥中国秦汉史》也认为："王充把自然界看成是自然的存在的运行，不受另一种超自然力量的干预。"② 就是说，"自然"是非人为的本然状态，作为万物之本原的"自然"是客观的，"自然"的存在方式是客观的，"自然"的变化过程也是客观的。

> 天之动行也，施气也，体动气乃出，物乃生矣。由人动气也，体动气乃出，子亦生也。夫人之施气也，非欲以生子，气施而子自生矣。天动不欲以生物，而物自生，此则自然也；施气不欲为物，而物自为，此则无为也。谓天自然无为者何？气也恬淡无欲，无为无事者也。（《论衡·自然》）

"天之动行"是为了散布气，"体动"气才能散布出来，万物才能产生。如同"人动气"，"体动"精气才能出，子女也就产生了。人"施气"，并不是为了借此生子女，子女却自然产生。"天动"并非为了创生万物，万物却"自生"，这是"自然"；天施气并非为了创造万物，万物却"自为"，这是"无为"。"气"是清静而没有欲望、无为无事的物质。换言之，天"自然无为"，人和万物由"天"自然而然施放的"气"所产生。"气"是"恬淡无欲""无为无事"的物质存在，这是"自然"的含义。这里的"自然"指的不仅是自然界万物生长的客观性，而且是万物产生的规律性。这里的"无欲""无为""无事"指的便是"自然"的本然

---

① 田昌五：《王充及其论衡》，生活·读书·新知三联书店，1958，第32页。
② 〔英〕崔瑞德、鲁惟一编《剑桥中国秦汉史》，杨品泉译，中国社会科学出版社，1992，第668页。

状态。《论衡·说日》:"天之行也,施气自然也,施气则物自生,非故施气以生物也。天不动,气不施,气不施,物不生。""天之行"是在自然而然地"施气","施气"过程中万物会自然而然地产生,天不是有意"施气"产生万物的。天不动,则气不施,气不施,就不会产生万物。换言之,天"施气"不是天有意识的行为,而是自然而然的运动过程。由"气乃出,物乃生"一句,可推知"气"是天创生万物的物质载体,这里的天是造物者。虽然天是造物者只是笔者拟人的描述,王充的天是"含气之自然",是"自然无为"的存在,并无精神属性,但是,在王充视界中,天确实具有造物的功能。综上可知,天是"自然无为"的存在,"天之动行"是"自然无为"的,天"施气"是"自然无为"的,天创生万事万物也是"自然无为"的。

《论衡·累害》:"故夫火生者不伤燥,水居者无溺患。火不苦热,水不痛寒,气性自然。""火生者"不惧怕干旱和高温,"水居者"没有被溺死的祸患。火不怕热,水不怕寒。"气性自然"指"气"的性质和状态都是"自然"。《论衡·初禀》:"人生性命当富贵者,初禀自然之气,养育长大,富贵之命效矣。""人生性命当富贵者",在最初禀受"自然之气"时就已经决定好,经抚养培育长大之后,富贵的命才能得到证实。就是说,人的"性"与"命"的善、恶、好、坏在母体内禀受"气"而形成之时就已经决定好。可见,天施气,人禀气,都是自然无为的,并非上天有意为之。

以上是王充对老、庄"自然"之说中的万物非人为的本然状态的继承与发展。老、庄对"自然"之说也有精彩的论述。如《老子》五十一章:"道生之,德畜之,物形之,势成之。是以万物莫不尊道而贵德。道之尊,德之贵,夫莫之命而常自然。故道生之,德畜之,长之育之,亭之毒之,养之覆之。生而不有,为而不恃,长而不宰。是谓玄德。""道"与"德"被尊重和珍惜,是命运自然的形态,没有受谁的命令,也没有受谁的指使。"道"生成万物,"德"抚育万物。生成了万物而不据为己有,抚育了万物而不自恃己功,引导了万物而不主宰万物,这就是玄妙之德。这里,

"道生之"就是"自然"存在的客观规律，万物的生长需要遵循这种客观规律。"道"的最根本规律是"自然"，即自然而然的状态。按"道"的规律看，对待万物应该顺其自然，让万物按自身的必然性而自由发展。这种自然而然的状态是老子所谓的"夫莫之命而常自然"，即"道"创生万物没有目的性，创生万物之后还能做到"不有""不恃""不宰"，从开始，到过程，再到结束，都完全处于自然而然的状态之下。从表面上看，老子说的是"道""德"与万事万物的关系；从本质上看，老子说的却是"道"以"无为"的方式生养了万物。王充所谓"天动不欲以生物，而物自生，此则自然也"（《论衡·自然》）和"天之行也，施气自然也，施气则物自生，非故施气以生物也"（《论衡·说日》），与老子"夫莫之命而常自然"（《老子》五十一章）在理论上一脉相承。

《庄子·渔父》："礼者，世俗之所为也；真者，所以受于天也，自然不可易也。故圣人法天贵真，不拘于俗。"礼节是世俗的行为，本真禀受于自然，自然是不可以改变的。所以，圣人效法自然、珍惜本真，不拘于世俗。"自然不可易也"，强调的是不可以改变，因为改变会失去本真。"圣人法天贵真"，"法"的是"自然"，强调的是圣人对本真的重视。这里的"自然"也指自然而然的本然状态。王充所谓"故夫火生者不伤燥，水居者无溺患。火不苦热，水不痛寒，气性自然"（《论衡·累害》）和"人生性命当富贵者，初禀自然之气，养育长大，富贵之命效矣"（《论衡·初禀》），与庄子"所以受于天也，自然不可易也"（《庄子·渔父》）在理论上也一脉相承。

综上所述，"天道自然，自然无为"（《论衡·寒温》），"天道，自然也，无为"（《论衡·谴告》），"谓天自然无为者何？气也恬淡无欲，无为无事者也"（《论衡·自然》）等关于"自然"之说的论述指的都是自然而然的状态，同老、庄"自然"之说的论述相近。

（二）自然无为

王充继承并发展了老、庄"自然"之说中的无意识、无目的、无为无造的部分。如《老子》第五章："天地不仁，以万物为刍狗；圣人不仁，以百姓为刍狗。"天地看待万物都是一样的，不会对谁特别好，也不会对谁特别坏，一切顺其自然发展。一般将此句视为老子对自然之天的表达。王弼《老子注》第五章对此的理解则侧重于"自然""无为"："天地任自然，无为无造，万物自相治理，故不仁也。"天道任自然，并不施加恩惠于万物，而是任由万物各自有所用。《庄子·德充符》："是非吾所谓情也。吾所谓无情者，言人之不以好恶内伤其身，常因自然而不益生也。"庄子认为他的无情是指不用好恶、取舍来干扰内心、伤害身体，常常顺应自然而不随意增添东西。从本质上看，"常因自然而不益生也"指的是人应当顺应自然规律而不要刻意去改变自身，更不要去改变自然。王充虽然没有直接征引老、庄关于无意识、无目的、无为无造的"自然"的描述，却多次以自己的语言论述了老、庄无意识、无目的、无为无造的"自然"。

> 春观万物之生，秋观其成，天地为之乎？物自然也？如谓天地为之，为之宜用手，天地安得万万千千手，并为万万千千物乎？诸物在天地之间也，犹子在母腹中也。母怀子气，十月而生，鼻口耳目，发肤毛理，血脉脂腴，骨节爪齿，自然成腹中乎？母为之也？偶人千万，不名为人者，何也？鼻口耳目，非性自然也。（《论衡·自然》）

王充认为，天地没有千千万万只手，不可能同时制造出千千万万的东西。所以，"春观万物之生，秋观其成"，都不是天地有意而为，而是万物自然生成的。各种东西在天地之间，如同子女在母亲的腹中。"母怀子气，十月而生，鼻口耳目，发肤毛理，血脉脂腴，骨节爪齿"，一切虽在母亲腹中自然成长，却并非母亲有意制造，所以人类无法改变胎儿的外形和性别。"偶人"虽有成千上万之多，却不能称为人，其原因是"偶人"的鼻口耳目不是"自然"生成的，而是匠人有意识制造的，按照既定的模型生产，可以使之完全相同，也可以使之完全不同。换言之，王充认为，万物的产生不是"天"有意为之，而是由天地自然而然地生成的。

> 或曰:"太平之应,河出图,洛出书。不画不就,不为不成,天地出之,有为之验也。张良游泗水之上,遇黄石公授太公书,盖天佐汉诛秦,故命令神石为鬼书授人,复为有为之效也。"曰:此皆自然也。夫天安得以笔墨而为图书乎?天道自然,故图书自成。晋唐叔虞、鲁成季友生,文在其手,故叔曰"虞",季曰"友"。宋仲子生,有文在其手,曰"为鲁夫人"。三者在母之时,文字成矣,而谓天为文字,在母之时,天使神持锥笔墨刻其身乎?自然之化,固疑难知,外若有为,内实自然。(《论衡·自然》)

儒者宣扬的天是有意识的,并认为"河出图,洛出书。不画不就,不为不成"是天有意识活动的证明。王充对此不以为然,认为"此皆自然也",天没有意识,所以不会用笔墨来写图书,"天道自然,故图书自成"。晋唐叔虞、鲁成季友一出生就有文字在他们的手上,所以晋唐叔虞取名"虞",鲁成季友取名"友",宋仲子一出生就有"为鲁夫人"四个字在她手上。晋唐叔虞、鲁成季友、宋仲子在母亲体内时,就自然而然地长出了类似于文字的图案。所以,晋唐叔虞、鲁成季友一出生就按照手上的文字起了名字,宋仲子偶然成为鲁夫人①。人在母亲体内禀气而成,隔着肚皮,即使是神也无法"持锥笔墨刻其身"。所以,王充认为,"三者在母之时,文字成矣"是"自然之化,固疑难知,外若有为,内实自然"。自然的变化,确实难以断定、难以弄清,表面看起来似乎是有意识的,本质上却是自然而然的。王充认为,有些看似"有为"的事情,其实只是"自然之化""内实自然"而已。很多事情都是如此,天地是"含气之自然",所以,万物的生长只是"自然之化",正是这种看不见摸不着的"自然之化"促使了万物的生长,而这种促使亦是"自然无为"的。

---

① 王充认为宋仲子手上的字是自然而成的,其实是王充对自然之说的生硬使用。笔者认为,可能宋仲子出生之时,手上确实有"为鲁夫人"的字样,后来偶然成为鲁夫人。更有可能是宋仲子成为鲁夫人之后,被后人编造了手上有"为鲁夫人"字样的说法。

> 天道无为，故春不为生，而夏不为长，秋不为成，冬不为藏。阳气自出，物自生长；阴气自起，物自成藏。汲井决陂，灌溉园田，物亦生长。霈然而雨，物之茎叶根荄，莫不洽濡。程量澍泽，孰与汲井决陂哉？故无为之为大矣。本不求功，故其功立；本不求名，故其名成。沛然之雨，功名大矣，而天地不为也，气和而雨自集。（《论衡·自然》）

天道是无为的，春天的存在，不是天为了农作物的生发而有意为之；夏天的存在，不是天为了农作物的成长而有意为之；秋天的存在，不是天为了农作物的成熟而有意为之；冬天的存在，不是天为了农作物的储藏而有意为之。阳气自然无为地产生，农作物也自然无为地生长；阴气自然无为地产生，农作物也自然无为地成熟、收藏。"汲井决陂"来灌溉园田，农作物仍然会生长。"霈然而雨"后，农作物的茎叶根，没有一处不湿润。由此可见，"霈然而雨"与"汲井决陂"相比，作用要大得多，"故无为之为大矣"。不追求功业，反而建立了功业；不追求名声，反而获得了名声。"沛然之雨"的名声虽然很大，却并非天有意而为之，而是因为阴阳之气和顺，大雨也就自然降落下来。

以上是王充对老、庄无意识、无目的、无为无造的"自然"概念的继承与发展。王充还多次言及对老子"无为自化"思想的理解，如"自然之化，固疑难知，外若有为，内实自然"（《论衡·自然》）；"黄、老之操，身中恬淡，其治无为，正身共己而阴阳自和，无心于为而物自化，无意于生而物自成"（《论衡·自然》）。在此，"自然之化"看似"有为"，实则"无为"，因为没有行为的主体，所以没有主体有意识的行为。《论衡·自然》中的"天动不欲以生物，而物自生，此则自然也"，指的是"虽然没有运动产生的主体，但是有运动产生的现象，这种现象便叫做'自生'"[①]。

---

① 邓红：《王充新八论续编》，中国社会科学出版社，2007，第193页。

虽然"自生"也是一种运动，却未受"他气""旁物"的影响，只是一种自我完成的变化，所以，依然是"自然无为"的。同理可推知，王充的"自和""自化""自成""自生""自为"都是如此，都在"自然之化"的范围内。《论衡·寒温》对"自然无为"也有进一步的论述，如"外若相应，其实偶然。何以验之？夫天道自然，自然无为。二令参偶①，遭适逢会"，从外面看好像是互相应和，其实只是偶然巧合而已。因为天道是自然形成的，自然形成的就是无意识的。如同兆数回答了卜筮的问题，人事、气候、兆数三者刚好一致，是由于恰好偶然碰在一起而已。"自然之化"虽然有时看似"外若有为"，但是，本质上还是"遭适逢会""内实自然"。

王充"自化"理论亦源于老、庄。如《老子》第五十七章："我无为，而民自化；我好静，而民自正；我无事，而民自富；我无欲，而民自朴。"我无为，百姓就自我化育；我好静，百姓就自然上轨道；我无事，百姓就自然富足；我无欲，百姓就自然淳朴。《老子》第三十七章："道常无为而无不为。侯王若能守之，万物将自化。""道"虽然经常是自然无为的，却没有任何一件事情不是"道"所为。在社会政治方面，侯王若能保有"道"，万物将自动向其归附；若能以"道"作为为政治民的原则，百姓也会自为，即"自化""自正""自富""自朴"。只有统治者保持"无为""好静""无事""无欲"，老百姓才能"自化""自正""自富""自朴"。这里的"自化""自正""自富""自朴"是自"为"的具体表现。这种自"为"，看似受到了统治者"无为""好静""无事""无欲"的影响，实际上却不是如此，它们是两相无事、互不干预、自然而然的结果。只有统治者对老百姓的行为不加干预，老百姓才能实现自我管理、自我满足的理想。这就是王充所说的"外若有为，内实自然"（《论衡·自然》）。不同的是，老子强调的是一种必然性，而王充在强调必然性的同时还看到了偶然性，这是王充对老子"自化"理论的发展与创新。

---

① 二令，这里指卜和筮。参偶，这里指人事、气候、兆数三者相一致。

《庄子·秋水》："物之生也，若骤若驰，无动而不变，无时而不移。何为乎，何不为乎？夫固将自化。"万物的生长，像是马儿飞奔、马车疾行，没有什么举动不在变化，也没有什么时候不在迁移。该做些什么和不该做什么，一切都将"自化"。《庄子·则阳》："鸡鸣狗吠，是人之所知；虽有大知，不能以言读其所自化。"鸡鸣狗叫，是人人都能了解的现象；即使有超人的才智，也不能用言语来表述"自化"。《庄子·在宥》："汝徒处无为，而物自化……无问其名，无窥其情，物固自生。"处心于无为之境，万物会自然地发生变化。不要询问它们的名称，不要窥探它们的实情，万物本是自然地生长的。陈鼓应将"自化"解释为"自我化育、自生自长"。实际上，"自化"的含义非常广泛，是自我选择、自我约束、自我发展、自我变化、自我控制等的总称。在老、庄看来，万物都要遵"道"而行，万物运动变化由其自身的因素而导致，不需要外力的干涉，此为"自化"。其又由万物"自化"不需要人为的干预，而提出"无为"，即"自然无为"。

综上所述，天地万物的存在是"自然无为"的，万物的生长变化也是"自然无为"的，即王充所谓的"无为之为"。王充继承并发展了老、庄"自然"学说中的必然性的因素，抛弃了道家形而上的"道"，形成了自己的"自然"学说。王充的"自然"学说不仅针对"故"，而且重视"偶"，强调必然性的同时也强调偶然性。这是王充"自然"学说的新贡献。

（三）"自然"的方法论

邓红认为，作为方法论的"自然"，在我国古代思想史上，可以和"阴阳""五行""气"之类的概念相媲美。王充将"自然"从物质层面升华到方法论层面，使之成为解释世界和认识世界的一种方法。邓红将之称为"自然方法"[①]，认为王充所说的"自然""是用于解释万事万物的道

---

① 邓红：《王充新八论续编》，中国社会科学出版社，2007，第156页。

具、方法和解释系统"①，并"将'自然状态'加以抽象，扩展到了方法论的层面"②。邓红所说的解释万事万物的方法可以追溯到以老、庄为代表的原始道家。如《老子》第二十五章中的"人法地，地法天，天法道，道法自然"和《庄子·缮性》中的"莫之为而常自然"都具有一定的方法论意义。具体来说，老子的"道法自然"，是以"自然"作为存在于"道"之上的、具有普遍意义的方法和永恒的原则；庄子的"莫之为而常自然"，则主要侧重于对社会和人生进行认识的方法，强调人只有排除个体对社会的依赖，以及社会强加给个体的束缚，才可能实现其所说的"常自然"。尽管王充将"自然"上升为方法论，并以"自然"来解释世上的万事万物，这与老、庄不同，但王充的"自然"之说来源于老、庄则是毋庸置疑的。王充在吸收老、庄"自然"学说时，受到了老、庄"自然"之方法论的影响，所以，我们可以认为王充以"自然"为方法论的做法，是对老、庄"自然"学说的继承与发展，以"自然"为方法论是王充的新贡献。

众所周知，老子是最先提出"天道自然无为"观念的人。老子认为，"道生万物"，"道"是"自然无为"的，"道生万物"的过程也是"自然无为"的。如《老子》第五十一章："道生之，德畜之，物形之，势成之。是以万物莫不尊道而贵德。道之尊，德之贵，夫莫之命而常自然。"《老子》第二十五章："域中有四大，而人居其一焉。人法地，地法天，天法道，道法自然。""道"以"无为"的方式生养了万物，生成了万物却不据为己有，抚育了万物却不自恃有功，引导了万物却不主宰万物。道、天、地、人是宇宙中最伟大的存在，其中"道"是最高的存在，天地万物都由"道"而生，且天、地、人都以"道"为最高准则。"道"是不受外界干扰、遵循本性的存在。在老子视界中，宇宙间最根本的原则就是"自然"，即任由世间万物自生自灭而不加以干预是最为高明的做法，所以，一切改造"自然"

---

① 邓红：《王充新八论续编》，中国社会科学出版社，2007，第158页。
② 邓红：《王充新八论续编》，中国社会科学出版社，2007，第157页。

的活动都应当取消，即《老子》第六十四章所说的"以辅万物之自然而不敢为"。

《庄子》中也有任由世间万物自生自灭而不加以干预为"自然"法则的说法。《庄子·知北游》："天不得不高，地不得不广，日月不得不行，万物不得不昌，此其道与！""自然"之道是面对一切事物都应该采取顺应自然的态度，任其自然而然地发展而不干涉，所以才会有"天不得不高""地不得不广""日月不得不行""万物不得不昌"。《庄子·缮性》："古之人，在混芒之中，与一世而得澹漠焉。当是时也，阴阳和静，鬼神不扰，四时得节，万物不伤，群生不夭，人虽有知，无所用之，此之谓至一。当是时也，莫之为而常自然。"古时候的人，生活在混混沌沌的境况之中，个体同整个外部世界混为一体，且彼此都恬淡无为、互不交往。正是这个时候，阴阳和谐宁静，"鬼神不扰"，四季的变化顺应时节，各种生物不会受伤害，也不会夭折，人们即使有心智，也没处可用，这就是最为纯粹的时代。正是这个时代，人们什么都不做，经常处于自然的状态。由此可见，只有排除个体对社会的依赖，以及社会给个体带来的束缚，才有可能实现庄子所说的"常自然"。

老、庄论"自然"，几乎同"道"一起论，二者不可分离。关于"道"与"自然"的关系问题，老子也进行了较为详细的解释，如《老子》第二十五章："人法地，地法天，天法道，道法自然。"对此，钱锺书先生认为，"人、地、法、道四者累叠而取法乎上，足见自然之不可几及"，"以天地并称或举天以概地，此则'法地'为'法天'之阶焉"，"以'道'为究竟，此则'法自然'为'法道'之归极焉"。① 王充虽然对道家之"道"避而不谈，在《论衡》中却对"道法自然"的思想进行了详细的论述。王充将天、地看成由"气"构成的客观存在的物质实体，认为"气"是无限的，无生亦无死，万物皆由天地运动而施放出来的"气"所构成，并认为儒家"天生五谷以食人，生丝麻以衣人"与"自然"之说

---

① 钱锺书：《管锥编》，生活·读书·新知 三联书店，2007，第672~673页。

相违背。在王充视界中，"自然"便是天地之"道"。同时，王充对老子"以辅万物之自然而不敢为"（《老子》第六十四章）也有继承与发展。他虽然反复强调万物的生长是自然而然的，但也从未否认过人的辅助作用，如《论衡·自然》："然虽自然，亦须有为辅助。耒耜耕耘，因春播种者，人为之也。及谷入地，日夜长大，人不能为也。或为之者，败之道也。宋人有闵其苗之不长者，就而揠之，明日枯死。夫欲为自然者，宋人之徒也。"王充认为，人虽然可以辅助和帮助万物生长，却不能改变万物生长的规律，否则就会遭到"自然"的报复。不仅如此，王充对人的辅助作用也进行了详细的说明，认为"耒耜耕耘，因春播种"才是正确的"人为"。除此之外，"人不能为也"，如果想强行改变农作物的生长规律，便是"败之道也"。还借"揠苗助长"之事讽刺"欲为自然者"。显然，王充在这里并不是要强调人的辅助作用，只是承认人在农业生产方面可以起辅助作用。其目的只是要求人们尊重"自然"，并按"自然"的法则行事，不要妄图去破坏和改变"自然"。可以说，王充为"自然"之说赋予了全新的含义，创造了新的解释系统，并将之上升至方法论的层面。如邓红所认为的那样："所有的事物的根源和本质都统统被解释成了'自然'。"① 王充的"自然"已经不是"对某种事物的形式、构成、运行、发展的'自然而然'的状态作形容和表现，而是对所有的事物进行解释说明的工具和方法，究明其存在运行以及规律的原因的解释系统。王充已经将'自然'上升为方法论，企图用之来解释世界的所有事物"②。

综上所述，王充"自然"学说是对道家"自然"学说的继承与发展，在对道家"自然"学说继承与发展的过程中，王充看到了"道家论自然，不知引物事以验其言行"（《论衡·自然》）的缺点，并且克服了这种缺点。尽管王充的"自然"思想是汉代"自然"思想发展的集中表现③，然而王充对"自然"概念的阐释依旧有不足，这些不足大体可归为两类。第

---

① 邓红：《王充新八论续编》，中国社会科学出版社，2007，第155页。
② 邓红：《王充新八论续编》，中国社会科学出版社，2007，第156页。
③ 金春峰：《汉代思想史》，中国社会科学出版社，1997，第557页。

一，"任何被认为产生或可能产生的现象（包括有神论所认为的某些神秘的现象），都是自然的"①，此类不足，为神学留下了活动的空间，其思想也因此被后世归为有神论②，或被称为不彻底的无神论。第二，"任何事物、现象、过程，它的产生发展及其终结都是自然而然，不需要任何原因与条件，也是没有任何原因和条件的"③，这类过分强调偶然和自生而带来的不足，使王充思想陷入神秘主义。

冯友兰先生认为："王充《论衡》一书，即就道家自然主义之观点，以批评当时一般人之迷信。"④"《论衡》之考论'世书俗说'以道家之自然主义为根据。"⑤ 王充对道家"自然"之说最为突出的贡献是"运用自然之说将神化的'意志之天'再还原为自然之天"⑥，王充对道家之"道"避而不谈是为了避开道家本体之"道"的"虚无性和形而上的特点"，却吸收了道家之"道"作为"法规、规律的思想"⑦。在王充看来，"黄老之家，论说天道，得其实矣"（《论衡·谴告》），所以，王充的天道观就吸收了道家天道思想的内容，以"自然无为"为特征。"'自然'是道家手中的一张王牌，用以反对儒家。儒家积极入世，道家则遁归'自然'。"⑧这是道儒两家的最大区别，所以，王充选择以道家"自然"学说为理论基础，构建其以"自然无为"为特征的天道观，并以此对抗儒家"天人感应"说是可行的。

---

① 金春峰：《汉代思想史》，中国社会科学出版社，1997，第515页。
② 钱锺书认为："充虽勿信神仙，而甚信妖怪，其《论死》、《纪妖》、《订鬼》诸篇所持无鬼论，亦即有妖精论。"（钱锺书：《管锥编》，生活·读书·新知三联书店，2007，第1971页）由此可见，在钱锺书先生看来，王充依然是有神论者。
③ 金春峰：《汉代思想史》，中国社会科学出版社，1997，第515页。
④ 冯友兰：《中国哲学史》（下），重庆出版社，2009，第69页。
⑤ 冯友兰：《中国哲学史》（下），重庆出版社，2009，第69页。
⑥ 王雪：《王充道家思想探析》，《安徽大学学报》（哲学社会科学版）2003年第4期。
⑦ 王雪：《王充道家思想探析》，《安徽大学学报》（哲学社会科学版）2003年第4期。
⑧ 季乃礼：《试论玄学中"自然"的儒化》，《社会科学战线》1996年第6期。

第七章
CHAPTER 7

王充对先秦儒道思想的评判

王充儒道思想评介

《论衡》成书至今已经有近两千年的历史,在这近两千年的历史长河中,《论衡》的处境颇为尴尬,有时被称为天下奇书,有时也沦为名教罪人。① 1935 年黄晖在《论衡校释》中认为,汉以来对《论衡》的评价大体可分为三个时期,分别是:汉到唐代基本都认为其是"一代的伟著";宋代认为其是"一部离经叛道的书";明、清时期则"取其辩博"。黄晖还认为,"治诸子的人,尽革前儒一孔之见,实事求是,作体系的历史的探讨",不能因为王充著了《问孔》《刺孟》两篇,而减轻他的价值。王充的特别之处就是他广泛吸纳前人思想成果,明确提出"含百家之言"的治学思想,而先秦道、儒两家作为对中华文化影响最大的两派,对王充的影响尤其大。

一

王充对先秦儒道思想评判的内容

王充认为天无意识,是"自然无为"的。他吸收儒、道两家"自然之天"思想中的合理成分,以此来反对儒家"神灵之天"思想,从而得出天不能谴告君王、天无瑞应、天不能赐福降灾的结论。王充天命思想的理论基础是先秦儒道两家天命思想,如"墨家之论,以为人死无命;儒家之议,以为人死有命"(《论衡·命义》)继承并发展了孔子"死生有命,富

---

① 邵毅平:《论衡研究》,复旦大学出版社,2009,第 191 页。

贵在天"(《论语·颜渊》)的思想,《论衡》中也多次征引此句。《论衡·命禄》:"鲁平公欲见孟子,嬖人臧仓毁孟子而止。孟子曰:'天也!'孔子圣人,孟子贤者,诲人安道,不失是非,称言命者,有命审也。"鲁平公想见孟子,由于听信了宠臣臧仓的诽谤之言,而没有见孟子。孟子没有怨天尤人,反而认为这是天命。在对孔子、孟子天命思想理解的基础之上,王充得出了自己的天命思想,认为天命是指一种人力不可为的神秘现象,可以决定人寿命的长短、财富的多少、社会地位的高低。在他看来,不仅人有"命",而且世间万物皆有"命",国家也有国"命"。金春峰认为王充天命思想是"机械的必然性不具有人格神的形式,然而实质却仍然是一种超人间的力量。它和神处于同一地位,并具有同神一样的不为人所知晓的神秘性。因为,它实际上还是一种神"①。

王充人性思想上承孔子、孟子、荀子,在对孔子、孟子、告子、荀子人性学说解读的过程中,逐渐形成自己的人性学说。受老子"自然"学说的影响,王充以气释性,对宋儒气质之性亦有影响。王充认为人的本性无论善恶都可以改变,而实现这种先天之性转变的关键在于后天的"教告率勉"。所以,王充尤其重视教育的引导、法制的规范、先进人物的表率以及环境的浸润作用。王充以气释性、以气释命的理论前提是老子的"自然"学说和"气自然"论。唐君毅在《中国哲学原论·原性篇》中认为,汉代儒者关于人性问题的讨论,都与董仲舒的人性思想相差无几,认为人性是分品级的,"王充则于人性有三品之分,上品之极善与下品之极恶,皆非教化所能转移,此则又异于董子"②,并提出"连性与智以成名"③的观点,认为王充"性智开敏,明达六艺"(《论衡·实知》)的观点同于后世佛家以及近代西方科技哲学的"性相"之论。笔者认为,王充"性三品"说与董仲舒"性三品"说有很大区别,王充人性学说更接近孔子的人性学说。详而言之,王充人性学说受孔子"性相近也,习相远也"(《论语·阳

---

① 金春峰:《汉代思想史》,中国社会科学出版社,1997,第533页。
② 唐君毅:《中国哲学原论·原性篇》,中国社会科学出版社,2005,第82页。
③ 唐君毅:《中国哲学原论·原性篇》,中国社会科学出版社,2005,第83页。

货》)的影响，特别重视"教告率勉"对人性的影响；受孔子"中人以上，可以语上也；中人以下，不可以语上也"(《论语·雍也》)与"唯上知与下愚不移"(《论语·阳货》)的影响，将"性"分为三品。王充认为，中品之性容易改变，上品、下品之性较难改变，且改变之后又"不可复变"，所以，他强调"教告率勉"对人性影响的作用。如《论衡·本性》："无分于善恶，可推移者，谓中人也，不善不恶，须教成者也。"除了在娘胎中禀受自然之气形成的纯善纯恶的本性以外，还有一种处于二者之间的不善不恶的"中人"之性。这种"中人"之性只要通过教育的引导就能成为善的性。

王充反对儒家"生而知之"说，并且有针对性地提出了"学而后知，不学不知"的认知观。在王充视界中，圣人不能先知，没有人天生可以通晓一切事物，想要获得知识，需要后天努力学习。即使是圣人也是如此。圣人只不过是知识比较丰富、道德比较高尚的人而已，普通人只要努力学习也可以达到圣人的水平。人的才智有高下之分，知识来源于后天的学习。通过学习才能获得知识，不请教别人就不能认识事物。王充由此提出"人才有高下，知物由学。学之乃知，不问不识"(《论衡·实知》)的观点。王充反对孔、孟"生而知之"的观点，肯定和吸收了孔、孟"学而知之"的思想，看到了学与思、知与行、"耳目之官"与"心之官"在人类认识事物的过程中的重要作用。相对而言，王充认知思想同荀子更为接近，因为荀子在认识论方面对先秦诸子认识论进行了总结和吸收，认为人在认识事物时，心并非直接作用于外物，而是经过人的感觉器官感知，再加上理性分析而间接得来。王充看到了感性认识和理性认识、直接认识和间接认识的区别，尤其是荀子以"符验"来检验认识对错的思想直接影响了王充"效验"说的提出。

在如何为政的问题上，儒家重礼义、举贤才、崇德治等主张对王充产生了较大的影响。王充认为"国之所以存者，礼义也。民无礼义，倾国危主"(《论衡·非韩》)，儒生是维护礼义的堤防，礼义是治国的纲纪，提出"治国之道，所养有二：一曰养德，二曰养力"(《论衡·非韩》)。"养

"德"与"养力"相比较,王充更加重视"养德",可以说"顺民之意"的"德"是王充的根本政治主张。王充"养德"政治主张的理论基础是儒家的"为政以德"思想,强调重礼义、举贤才、崇德治。王充重视"礼义",认为"礼义"在国家治理中有非常重要的作用:"礼丰义重,平安之基立矣"(《论衡·治期》);"礼义至重,不可失也"(《论衡·非韩》);"国之所以存者,礼义也。民无礼义,倾国危主"(《论衡·非韩》)。治理国家,人才是首要条件,而人才的选拔应该以人才的品德修养为主,王充认为,成为贤才的必要条件是有一颗"善心","善心"指的是一颗仁善之心,实际上是要求重用德才兼备之人。君主重视德治,国家就会"天下太平,百灾消灭,虽不逐疫,疫鬼不往"(《论衡·解除》)。"德力具足"强调的是以德为先,"力"只能是辅助性的存在。所以,治国之道以"养德"为主。道家政治思想也受到了"自然"学说的影响,并在社会政治领域提出"无为而治"的为政方法,强调为政者因顺无为,不干预为政对象。道家"无为而治"的为政方法,对王充的政治思想的影响很大。

王充的"自然"思想虽源于道家,却比道家的"自然"的范围大得多,形成了其特有的"天道自然论""元气自然论""自然命定论"。"元气自然论"是王充哲学思想的核心。王充继承老子"自然"学说,吸收道家"气自然"论,建立了其元气自然论。王充认为,天地、万物皆禀"气"而生,万物中有禀"精气"而成的,也有禀"和气"而生的,不论是天在运行过程中"施气",还是万物的"禀气"自生,都是"自然无为"的。在道家基础之上发展起来的"自然"学说,是王充思想的重要组成部分,甚至还影响到王充的天论、天命论、人性论、政论等诸多方面。

一

王充对先秦儒道思想评判的目的

王充"疾虚妄"的目标大体分两类:一类是自然现象,一类是社会现象。王充对自然方面的"虚妄"现象进行"疾",是为了建构"天道自然无为"思想;对社会方面的"虚妄"现象进行"疾",主要是为了反对汉儒对儒家经典的错误改造,反对神化孔子。

在王充看来,汉儒对儒学的改造,是对儒家学说的篡改和毁坏。王充说他创作《论衡》的原因是"起众书并失实,虚妄之言胜真美也"(《论衡·对作》),"虚妄之语不黜,则华文不见息;华文放流,则实事不见用"(《论衡·对作》);创作《论衡》的目的是"铨轻重之言,立真伪之平,非苟调文饰辞,为奇伟之观也"(《论衡·对作》);创作《论衡》的根源是"皆起人间有非"(《论衡·对作》)。王充对"虚妄显于真,实诚乱于伪,世人不悟,是非不定,紫朱杂厕,瓦玉集糅"(《论衡·对作》)的现象不能忍受。他详细论述了产生这些现象的原因:"实事不能快意,而华虚惊耳动心也",然后便有人夸大事实,故作"美盛之语",以至于"听者以为真然,说而不舍;览者以为实事,传而不绝"(《论衡·对作》),从而导致"或南面称师,赋奸伪之说;典城佩紫,读虚妄之书"(《论衡·对作》)。可见,王充批判和反对的只是汉儒借孔子之名进行的"虚妄"活动。王充的批判主要集中在以下几个方面。

首先,认为汉儒对孔子思想解读失实。《论衡·正说》:"儒者说五经,多失其实。前儒不见本末,空生虚说。后儒信前师之言,随旧述故,滑习辞语。苟名一师之学,趋为师教授,及时蚤仕,汲汲竞进,不暇留精用心,考实根核。故虚说传而不绝,实事没而不见,五经并失其实。"王充认为汉儒解释五经,大多"失其实","前儒不见本末"而凭空编造虚妄之说,"后儒信前师之言"而"随旧述故",只是将前人之言背诵得滚瓜烂熟而已。有些较为幸运之人,因为追随某一学派而小有名气,就急于为师、做官,也会因为"汲汲竞进"不辨真伪,"不暇留精用心,考实根核"。王充认为造成"虚妄"之说盛行,"实事"被埋没,五经失实的原因有三个:一是"欲明经"当官,二是"校古随旧"已成习惯,三是"说事者好神道恢义,不肖以遭祸"(《论衡·正说》)。

其次,反对神化孔子。王充认为,儒家思想被神化,孔子被别有目的者利用而被捧为圣人,甚至是神人,以至于社会盛传"好信师而是古,以为贤圣所言皆无非"(《论衡·问孔》)的言论。王充客观地认识到孔子虽博学多识、道德高尚,但并非没有缺点,大胆提出"贤圣之言,上下多相违,其文,前后多相伐者"。《论衡·问孔》:"世儒学者,好信师而是古,以为贤圣所言皆无非,专精讲习,不知难问。夫贤圣下笔造文,用意详审,尚未可谓尽得实,况仓卒吐言,安能皆是?不能皆是,时人不知难;或是,而意沉难见,时人不知问。案贤圣之言,上下多相违,其文,前后多相伐者,世之学者,不能知也。"王充认为,"世儒学者"喜欢迷信老师,并崇拜古人,认为圣贤的话不会有错,"专精讲习"而不知道进行"难问"。王充认为,贤圣下笔写文章,尚且不能做到准确无误,更何况是匆忙之中说的话呢?虽然"贤圣之言,上下多相违,其文,前后多相伐者","世之学者"却"不能知"。可见,王充批判的只是人们迷信圣贤,不敢问难圣贤的行为,并不是要非难圣贤本人。孔子是人不是神,不能先知。在王充视界中,圣人、贤人、普通人都要通过后天学习才能获得知识,圣人、贤人不过是知识相对比较丰富、道德相对比较高尚的人而已,普通人通过努力学习也可以达到圣人、贤人的水平,因为圣人、贤人、普通人感知外界事物都需要依靠"耳目",遇到的事情、看到的东西也相同。王充对"生而知之"和"唯上知与下愚不移"的否定,以及将圣人、贤人、普通人相提并论的做法在当时是十分大胆的。王充彻底打碎了孔子的偶像形象,同时也给神学化的儒学以沉重的打击。

最后,要求客观评价孔子。王充对孔子的评价非常高,赞扬孔子为"贤圣之臣""道德之祖""鸿笔之臣"等,即使在《论衡·问孔》中也称孔子为"圣人"。同时,王充对孔子的生平及思想也十分熟悉,可以信手拈来,常常引用孔子的话、思想、事例来论证自己的观点。《论衡·须颂》:"是故《春秋》为汉制法,《论衡》为汉平说。"孔子编《春秋》,为汉朝制定了治国的大法,王充著《论衡》,则为汉朝提供了公平地论定是非曲直的标准。《论衡·对作》:"圣人作经,贤者传记,匡济薄俗,驱民使之归实诚也。……孔子作《春秋》,周民弊也。故采求毫毛之善,贬纤介之恶,拨乱世,反诸正,人道浃,王道备……是故《论衡》之造也,起众书并失实,虚妄之言胜真美也。故虚妄之语不黜,则华文不见息;华文放流,则实事不见用。故《论衡》者,所以铨轻重之言,立真伪之平,非苟调文饰辞,为奇伟之观也。"王充认为,"圣人作经,贤者传记",是为了纠正不良的风俗,使老百姓恢复质朴淳厚的风俗。孔子创作《春秋》的原因是"周民弊也",创作的目的是"拨乱世,反诸正,人道浃,王道备"。王充认为自己创作《论衡》的原因是"众书并失实,虚妄之言胜真美",目的是"铨轻重之言,立真伪之平"。由此可见,王充认为自己继承了孔子的事业。

从总体上看,虽然王充对孔子的肯定远多于否定,但王充确实对孔子进行了"非难"。这种敢于挑战权威的精神有非常重要的意义和深远的影响,为后世研究孔子之学、儒家之学指明了方向。可以说王充的哲学体系就是建立在对谶纬神学批判的基础之上的。

汉初,黄老之学受到重视,汉王朝在政治上实行"无为而治",经济上实行轻徭薄赋。汉武帝时,黄老思想已不能满足政治上的需求,董仲舒提出的"罢黜百家,独尊儒术"的方针适应了汉武帝大一统的思想统治政策,因而受到汉武帝的赏识。在思想上,儒家逐渐取代黄老道家获得统治地位。但是,到了东汉,儒家思想在政治上的各种弊端也逐渐显现。所以,在王充之前,有桑弘羊直接批判"孟轲守旧术,不知世务,故困于梁宋。孔子能方不能圆,故饥于黎丘"(《盐铁论·论儒》),有桓谭对谶纬神学和灾异迷信的批判;在王充之后,有王符对天人感应、卜筮、巫术、占梦等迷信活动及社会风气的揭露和批判,有仲长统以"人事为本,天道为末"为口号来批判两汉宗教神学。

王充认为其创作《论衡》"其本皆起人间有非,故尽思极心,以讥世俗"(《论衡·对作》);"明辨然否,疾心伤之,安能不论"(《论衡·对作》)。创作《论衡》的根源在于社会上的诸多错误,因为"明辨然否",所以才会"疾心伤之",用尽心思来讥刺社会上的不良风俗。由此可见,王充创作《论衡》的目的源自根植于其内心深处的社会责任感。

王充用"疾虚妄"三个字来概括《论衡》的主旨。《论衡·佚文》："'《诗》三百，一言以蔽之，曰：思无邪。'《论衡》篇以十数，亦一言也，曰：'疾虚妄。'"也正是因为这种"疾虚妄"的态度，王充成为史上第一个以"实事疾妄"的标准来评价孔子的学者。《论衡·自纪》："夫养实者不育华，调行者不饰辞。丰草多落英，茂林多枯枝。……救火拯溺，义不得好；辩论是非，言不得巧。入泽随龟，不暇调足；深渊捕蛟，不暇定手。言奸辞简，指趋妙远；语甘文峭，务意浅小。稻谷千钟，糠皮太半；阅钱满亿，穿决出万。大羹必有淡味，至宝必有瑕秽；大简必有不好，良工必有不巧。"养育果实就无法注重养育花，修养品德之人就会忽视在言辞上下功夫。草丛之中有落花，树林之中有枯枝。欲救人于水火危难之中就顾及不了仪表的端庄，为了辩论是非也顾及不了言辞的美好。下水捕鱼顾不上"调足"，入渊捉蛟也顾不上"定手"。同理，文章言辞简单，内容却可以深远；文章言辞甜美尖锐，内容却会无聊浅薄。千钟之多的稻谷，有一半是糠皮；满亿之多的铜钱，有万数以上是坏的。用来祭祀的太羹必然寡淡无味，最珍贵的宝石必然有杂质。所以"大简必有不好，良工必有不巧"。王充认为世上没有尽善尽美的东西，也没有百分之百正确的学说。王充"非难"孔子，本质上"非难"的只是被神化了的孔子。

王充对先秦儒道两家思想的研究，乃至对先秦诸子思想的研究，都是秉着"疾虚妄"的治学原则进行的。批判汉儒、反对神化孔子、要求客观评价孔子的一系列做法的前提都是"实事疾妄"。一边撕掉圣人的神秘面纱，一边肯定圣人卓越的历史功绩。王充对先秦儒道两家思想和先秦诸子学说的态度是既不简单否定，又不盲目肯定。

三

王充对先秦儒道思想评判的历史影响

王充在哲学上的最大贡献是对"元气"这一范畴的论证和运用。在王充以前,"元气"概念虽然已经产生,但并未被作为哲学范畴加以普遍运用和论证。① 王充以后,如刘禹锡、柳宗元、朱熹、张载、王安石、王夫之、戴震等思想家都或多或少受到王充"元气"思想的影响。在中国人性思想史上王充也有较大的影响,他以气释性,对后世"气质之性"思想产生了影响。韩愈、李翱人性思想吸收并发展了王充的"性三品"理论。受王充思想影响最大的是清代的熊伯龙,其代表作《无何集》可以说是以"王充的《论衡》为脚本而写成的"②。实际上王充哲学思想对后世诸多学者都产生了深远的影响。下面从王充对儒家学说的评判这一角度,简单谈一谈王充对韩愈、刘禹锡、熊伯龙三人的影响。

王充作为东汉独树一帜的思想家,其哲学体系是在广评诸子的基础之上建立起来的,并明确提出"含百家之言"的治学思想。王充"性三品"说亦是在批判并吸收前人人性思想基础之上提出的。笔者认为,王充"性三品"说将儒家人性学说引向了更深处,同时也为后世"性三品"说的发展指明了方向,具有里程碑的意义。

韩愈是明确提出"性情三品"说的学者,将性与情分别分为上、中、下三品。在韩愈看来,"与生俱"的性包括仁、义、礼、智、信五种道德品质,但五种道德品质在上、中、下三品的性中所占比重不同。上品之性,五种道德品质都具备;下品之性,五种道德品质都不具备;中品之性,五种道德品质部分具备。在人性思想方面,韩愈持"性三品"说。韩愈的"性三品"说对王充"性三品"说有吸收有改造,可谓集古人人性论之大成。"韩愈关于性三品的观点继承了汉代董仲舒和王充的性三品说。"③韩愈《原性》中关于人性思想的论述主要继承并发展了董仲舒和王充的"性三品"理论,批判并吸收了孟子"性善"论、荀子"性恶"论和扬雄"性善恶混"论,提出了自己的"性三品"说。同时,韩愈将"情"的概念引进人性论,认为"性也者,与生俱生也;情也者,接于物而生也"

---

① 王举忠:《王充论》,辽宁大学出版社,1991,第282页。
② 王举忠:《王充论》,辽宁大学出版社,1991,第284页。
③ 任继愈:《中国哲学发展史(隋唐)》,人民出版社,1994,第551页。

(《原性》),"性"是天生的,"情"是后起的。他还认为,天生的"性"由仁、义、礼、智、信构成,可以分为三品,"上焉者,善焉而已矣;中焉者,可导而上下也;下焉者,恶焉而已矣"(《原性》);后起的"情"由喜、怒、哀、惧、爱、恶、欲构成,也可以分为三品,"上焉者之于七也,动而处其中;中焉者之于七也,有所甚,有所亡,然而求合其中者也;下焉者之于七也,亡与甚,直情而行者也"(《原性》)。韩愈还认为,上品的"性"发为上品的"情",中品的"性"发为中品的"情",下品的"性"发为下品的"情"。上品之性与下品之性是不可改变的,但是,通过教育,可使上品之性"就学而愈明"(《原性》),也可以使下品之性"畏威而寡罪"(《原性》)。

王充依据禀气的不同将人性分为善、中、恶三种,认为"中人以上"为善,"中人以下"为恶,"中人"之性则善恶相混。王充人性思想的核心内容是"论人之性,定有善有恶。其善者,固自善矣;其恶者,故可教告率勉,使之为善"(《论衡·率性》),认为"教告率勉"对先天之善性和先天之恶性都可以产生作用。王充"性三品"说继承并发展了董仲舒"性三品"说的内容。笔者认为,王充的创新之处在于谈论"教告率勉"对人性的影响时,将范围扩大至对上品之性和下品之性均有作用,并非局限于传统认为的教化只对"中人"之性起作用。王充所谓"教告率勉"在人性论中的作用对韩愈也产生了较大的影响,韩愈打破了常规认为教化只能作用于"中人"的观点,认为通过教育,可使上品之性"就学而愈明",使下品之性"畏威而寡罪",从而得出"上者可教而下者可制"的结论。由此可见,在韩愈看来,"教"对上品之性起作用,"制"对下品之性起作用。虽然韩愈所说的外力对人性的作用程度远不及王充,但也打破了传统"唯上知与下愚不移"(《论语·阳货》)的观念。笔者认为,韩愈"教"与"制"的作用与王充"教告率勉"的作用在本质上是一样的。

王充也论述了"情"与"性"的关系,如《论衡·本性》:"情性者,人治之本,礼乐所由生也。故原情性之极,礼为之防,乐为之节。性有卑谦辞让,故制礼以适其宜;情有好恶喜怒哀乐,故作乐以通其敬。礼所以制，乐所为作者，情与性也。"王充认为，"情性"是治人的根本，"礼乐"也由此产生。所以，"情性"发展到极端，就需要用"礼"来预防，用"乐"来节制。制"礼"作"乐"的根据，是人的"情"和"性"。"性"有卑谦辞让，所以制礼以便适合其亲善；"情"有好恶喜怒哀乐，所以作乐以便得到严肃的表达。王充也看到了"情"与"性"的关系，只是没有将"情"的概念引入"性"的范畴。韩愈在王充思想的基础之上对"性"与"情"的关系进行了详细的阐述，向前推进了一步。

刘禹锡关于天的讨论大体分为两类：一类是对自然之天的探讨，一类是对宗教之天的批判。在探讨和批判的基础上，刘禹锡形成了自己的"天论"思想体系。刘禹锡的作品虽然不多，但其《天论》三篇对我国古代哲学的贡献是巨大的。《天论》三篇主要论述了天的物质性、天与人的关系、产生天命论的根源等重大问题。刘禹锡"天论"思想受王充影响非常大。王充是汉代"天道自然"说的代表，《论衡·明雩》："夫人不能以行感天，天亦不随行而应人。"刘禹锡则进一步提出了"天非务胜乎人""人诚务胜乎天"的"天与人交相胜"（《天论》）思想。由此可见，刘禹锡的"天论"同王充的"天论"思想在理论上是一脉相承的。

"元气论"经过王充的继承与发展，演进为"元气自然论"。唐代的柳宗元、刘禹锡等人接受了王充的"元气自然论"，认为"元气"的运动与变化、斗争与发展都是"自然"的、无意识的。刘禹锡认为"气"是世界万物存在的基础："天之有三光悬寓，万象之神明者也。然而其本在乎山川五行。浊为清母，重为轻始。两位既仪，还相为庸。嘘为雨露，噫为雷风。乘气而生，群分汇从。植类曰生，动类曰虫。倮虫之长，为智最大。"（《天论》）由此可见，在刘禹锡看来，天空有日、月、星辰，但是它们本源于山川五行之气。天是清而轻之气，地是浊而重之气。天地形成之初就交互作用，"元气"运动慢就形成了雨露，"元气"运动剧烈就形成了风雷。"元气"运动产生万物，万物按其不同的性质聚集，植物叫"生"，动物叫"虫"，人因有智慧而为万物之长。

刘禹锡的"天论"思想受王充的影响很大。王充论天，认为天无意识、天"自然无为"，用天的无意识和"自然无为"论证天不能谴告君王、没有瑞应、不能赐福降灾。王充吸收道家天道思想和自然观念，认为天是无意识的、"自然无为"的存在，并以"天道自然无为"思想来对抗儒家"天人感应"说。天体运动并非想创生万物，万物却自生，这是"自然"；天体施气并非想创造万物，万物却承气自成，这是"无为"。天"自然""无为"，没有意识，所以，天无法感应人的行为。在天人关系方面，刘禹锡持"天与人交相胜"的观点，认为天与人都有各自的功能，并且都可以胜过对方，即"天之能，人固不能也；人之能，天亦有所不能也"，"天之道在生植，其用在强弱"，"人之道在法制，其用在是非"，所以，"天与人交相胜"（《天论》）。刘禹锡在《天论》中对天人关系有详细的论述："世之言天者二道焉。拘于昭昭者则曰：'天与人实影响：祸必以罪降，福必以善俫，穷厄而呼必可闻，隐痛而祈必可答，如有物的然以宰者。'故阴骘之说胜焉。泥于冥冥者则曰：'天与人实剌异：霆震于畜木，未尝在罪；春滋乎堇荼，未尝择善。跖、蹻焉而遂，孔、颜焉而厄，是茫乎无有宰者。'故自然之说胜焉。"可见，刘禹锡认为，关于天的论述有两类，一类以韩愈的"阴骘之说"为代表，另一类以柳宗元的"自然之说"为代表。"阴骘之说"指天与人可以相互影响、相互感应，上天降祸是因为人有罪过，上天赐福是因为人有善行，天有意志，可以决定人的命运。"自然之说"即柳宗元的"天人相异"之说，说的是天与人不能相互感应。天不能主宰人事，天是无知、无意志的存在。

在刘禹锡看来，韩愈的"阴骘之说"完全是虚妄的，柳宗元的"自然之说"则是片面的。所以，其在肯定"天人相分"的前提之下，提出"天与人交相胜"的观点。柳宗元在《天说》中的"自然之说"，主张"天人相异"，否认天可以主宰人事，认为天无意识，所以不能干预人事，人的行为也不能干预天。王充认为天是无目的、无意识、自然而然的存在，所以"福祸之应，皆天也"（《论衡·福虚》）也是虚妄之言。之所以会有"谴告"之说，是因为"变复之家，见诬言天，灾异时至，则生谴告之言矣"(《论衡·谴告》)。王充还认为国家无论是将要兴盛还是将要衰亡,上天都会有吉兆或凶兆出现,只是吉兆和凶兆不是天有意识为之,而是由气自然形成的;"天道自然无为",所以天无瑞应。刘禹锡接受了王充这一思想,并弥补了柳宗元"自然之说"的不足,提出了天与人"交相胜""还相用"的独创性理论。以天人"交相胜""还相用"观点——"交相胜"是指天与人的对立关系,"还相用"是指天与人的统一关系——克服了柳宗元天人"各行不相预"之说的不足。"万物之所以为无穷者,交相胜而已矣,还相用而已矣。天与人,万物之尤者耳。"(《天论》)

《无何集》是继《论衡》之后,我国古代无神论思想的集大成之作。《无何集》中有辑他人之说的内容,也有自己撰写的内容。全书共 14 卷,其前 12 卷主要选辑了《论衡》中的"神怪祸福之说",还收录了其他相关资料。熊伯龙自称"自幼不信神仙鬼怪,祸福报应之说",编撰《无何集》的主要原因是受王充《论衡》的影响,目的是"欲以醒世之惑于神怪祸福者"。

熊伯龙所著《无何集》与王充的《论衡》有深刻的思想渊源。熊伯龙编著《无何集》的宗旨是劝世人不要受惑于神怪祸福,与王充著《论衡》同。《无何集》批判神学和"天人感应"说,认为"天不故意造作",祥瑞灾异虽然偶尔与人事合,但也并非天有意而为,与王充同;认为人死精神"犹火灭随风而散",亦与王充同。甚至可以说,《无何集》中的基本思想皆取自《论衡》。熊伯龙在《无何集·自述三》中详细论述过其与《论衡》的思想渊源:

> 尝作《适逢说》,言古今天下之事皆适逢耳。又尝作《鬼辨》,言人死之后如未生之前;作《神论》,言山神之形宜似山,水神之形宜似水。是时尚未读《论衡》也。后越数年,京师购得《论衡》读之,喜曰:"予言有征矣。"读至《幸偶篇》,云"有幸有不幸,有偶有不偶",与《适逢说》同意;又读至《论死篇》,云"人未生无所知,

> 其死归无知之本"，与《鬼辨》同意；读至《纪妖篇》，云"大山有神，宜象大山之形"，与《神论》同意。因欣然自喜，又爽然自失。自喜者，喜其言之竟合于古也，古人先得我心，其信然矣。自失者，恨其论之不逮于古也……取《论衡》之辟虚妄者选为一编，简当精要，且广集他说，以补其不足。

可见，在无神论思想方面，熊伯龙与王充有诸多相同之处。虽然熊伯龙在阅读《论衡》之前已经形成自己的观点，但是，看到《论衡》之后，一方面为自己同王充的思想相同而感到开心，另一方面又觉得自己的见解不如王充深刻，所以废弃自己的著述，以王充之论为自己的理论依据。

关于天人关系的问题，熊伯龙在《无何集》中对天的性质进行了探讨。《无何集·天自然二篇》："何以知天之自然也？以天无口目也。何以知天无口目也？以地知之。地以土为体，土本无口目。天地，夫妇也。地体无口目，亦知天无口目也。使天体乎，宜与地同；使天气乎，气若云烟。云烟之属，安得口目？春观万物之生，秋观其成，天地为之乎？物自然也。如谓天地为之，为之宜用手，天地安得万万千千手，并为万万千千物乎？"这段论述原出《论衡·自然》："案有为者，口目之类也。口欲食而目欲视，有嗜欲于内，发之于外，口目求之，得以为利，欲之为也。今无口目之欲，于物无所求索，夫何为乎！何以知天无口目也？以地知之。地以土为体，土本无口目。天地，夫妇也，地体无口目，亦知天无口目也。使天体乎？宜与地同。使天气乎？气若云烟，云烟之属，安得口目！"可见，王充与熊伯龙的著作不仅有很多相似的内容，而且有很多相同的观点，如都依据天地没有口目来判断天地"自然无为"。

关于天人关系问题，熊伯龙对统治者所宣扬的"天人感应"说进行了批判，这种批判集中表现在对祥瑞、灾异、谴告的批判等方面。《无何集·灾异非天谴告二篇》："夫天道，自然也，无为；如谴告人，是有为，非自然也。且天审能谴告人君，宜变易其气以觉悟之：用刑非时，刑气寒，而天宜为温；施赏违节，赏气温，而天宜为寒。今乃随寒从温，人君何时将能觉悟以见刑赏之误哉？不更变气以悟人君，反增其气以渥其恶。"王充认为"天道自然，自然无为"，所以"春温夏暑，秋凉冬寒"是自然变化，"水旱之至，自有期节"也是自然现象，与君主的喜怒、政治的好坏无关。王充认为寒温之说，不是天气的寒温正巧与君主的喜怒、赏罚碰在了一起，就是"变复之家"依据天气的寒温，去推算君主的喜怒，而有意编造出来的。

CONCLUSION 结语

王充儒道思想评介

《中国儒学史·两汉卷》一书认为，王充"虽然不是汉代儒家的典范代表，但是却对儒家有着深入的思考"①，其"对于汉代及前代的主流思想有很多批判，但是他驳斥的焦点集中于汉代盛行的感应思想"②。可以说，"几乎在中国哲学最初期，感应论就被用来解释天人之间、社会关系甚至自然关联中与人相关的交互作用关系"③，所以，"王充对于感应论的批驳，实际上是质疑整个上古思想传统的有效性"④。刘谨铭认为："就王充对于儒家经典之批判而言，实应区分成两个层次来看，其一即王充对于儒家义理内涵理解是否切当的层次；另一则是他企图透过这样的批判，扫除当时各种因素所导致的种种虚妄之层次。"⑤

王充与先秦儒家思想的关系同王充与先秦道家思想的关系是不同的，王充很少直接点评道家思想，字里行间却流露出浓厚的道家因素。冯友兰先生认为："王充《论衡》一书，即就道家自然主义之观点，以批评当时一般人之迷信。"⑥任继愈认为王充思想"远承先秦诸子之学，近接两汉儒道两大思潮，通过选择、融合、创造，形成一个综合性的独立的思想体系，它既不属于儒家，也不属于道家"，"继承了儒道百家而又超出了儒道百家，他是独树一帜的哲学家"。⑦

天人关系方面，王充吸收了先秦以来儒家的相关研究成果，以"自然""无为"思想为理论基础，同时吸收荀子关于天人之辨的结论，批判

---

① 许抗生、聂保平、聂清：《中国儒学史·两汉卷》，北京大学出版社，2011，第429页。
② 许抗生、聂保平、聂清：《中国儒学史·两汉卷》，北京大学出版社，2011，第431页。
③ 许抗生、聂保平、聂清：《中国儒学史·两汉卷》，北京大学出版社，2011，第431页。
④ 许抗生、聂保平、聂清：《中国儒学史·两汉卷》，北京大学出版社，2011，第432页。
⑤ 刘谨铭：《王充哲学的再发现》，（台北）文津出版社，2006，第12页。
⑥ 冯友兰：《中国哲学史》（下），重庆出版社，2009，第69页。
⑦ 任继愈主编《中国哲学发展史·秦汉》，人民出版社，1985，第513~514页。

儒家"天人感应"说，从而得出"人不能以行感天，天亦不随行而应人"（《论衡·明雩》）的观点。"天"在我国古代一直是至高无上、具有主宰性的存在。一般认为，王充为了反对儒家"天人感应"说，吸收了道家"天道自然无为"思想，并引入当时最新的科技成果，为"天"赋予物质属性。笔者认为，不能因为学术界普遍认为王充"自然之天"思想来源于道家，便否认王充在反对儒家"天人感应"说过程中受儒家"自然之天"思想的影响，应该同时关注到儒道两家对王充思想的影响。儒家并未否认"自然之天"的存在，认为"天"具有自然和神灵二重属性，并认为"神灵之天"是世界终极根据的天，"自然之天"只是"神灵之天"的表现。所以，儒家的"神灵之天"同时也具有"自然之天"的属性。

天命思想方面，王充综合了儒家"天命"思想与"节遇"思想，形成了"命有二品"论。孔子论"天命"，通常指不以人的意志为转移的客观存在，但是，孔子同时也强调人虽不能左右"天命"，却依然可以"知天命"。荀子对孔子"天命"思想有吸收，更有独创性的论述。如"制天命而用之"，"天有其时，地有其财，人有其治，夫是之谓能参"（《荀子·天论》）。荀子认为天、地、人应该各司其职，天有时令的变化，地有丰富的资源，人能治理并利用天时地利，叫能与天地"参"。换言之，自然界依照自己的规律运行，不以人的意志为转移，但是，人能够认识并利用自然规律。同时，人们在利用自然规律时，要遵循自然规律的运行轨迹，否则就会遭到自然的惩罚。荀子"天命"思想与孔子"天命"思想一脉相承。以上是荀子"天命"思想与孔子"天命"思想的相同之处，强调的都是"命"是必然性的存在。不同之处在于荀子还看到了"命"也是偶然性的存在。《荀子·正名》："节遇谓之命。""节遇"就是时遇，是偶然遭受外在环境影响之命，是偶然性的存在，与王充所谓"所当触值之命"同义。王充"命"论中的"自然之道"与"适偶之数"分别指必然性与偶然性。

人性思想方面，王充广泛评判诸子人性思想并形成独具特色的"性三品"思想。可以说，王充人性思想的理论来源于儒家人性学说，并以道家

"自然"学说为基础，将"自然"学说与人性学说相结合。孔子的"性相近，习相远"，孟子的"性善"以及荀子的"性恶"理论，甚至是董仲舒的"性三品"说都为王充构建其人性思想体系提供了理论支撑。王充人性思想的创新之处在于他以气释性，认为人性善恶的不同由其所禀元气的厚薄决定。上品之性与下品之性较难改变，"中人之性"相对较易变，但都可以通过后天"教告率勉"而改变。人禀善性，顺善而为则能为善人；人禀恶性，需要通过后天"教告率勉"由恶变为善。由此可见，王充人性思想注重后天的教化与修养，与荀子"化性起伪"类似。

为政思想方面，王充主要吸收了儒家重礼义、崇德治以及举贤才的政治主张。儒家重礼，孔子强调"克己复礼"（《论语·颜渊》），并认为"不学礼，无以立"（《论语·季氏》），荀子认为"礼者，人道之极也"（《荀子·礼论》）。王充也十分重视"礼"，认为"礼"在国家治理中有非常重要的作用，如"礼丰义重，平安之基立矣"（《论衡·治期》），"礼义至重，不可失也"（《论衡·非韩》），"国之所以存者，礼义也。民无礼义，倾国危主"（《论衡·非韩》）。关于治国之道，长期以来都存在重德和重力两种截然不同的看法。《论语·为政》："道之以政，齐之以刑，民免而无耻；道之以德，齐之以礼，有耻且格。""为政以德，譬如北辰，居其所而众星共之。"王充则认为治国必须"养德"与"养力"二者兼重，比较而言，"养德"更加重要。王充重视"贤才"，将儒士按能力大小进行了分类，认为"贤才"应该处于合适的位置，这样才能实现人尽其才、才尽其用。王充还倡导统治者重视有知识、有德行的"贤才"，在人才培养方面"德"和"力"并重。

认知思想方面，王充批判了儒家"生而知之"说，吸收了儒家"学而知之"说，提出"学而后知，不学不知"的观点。在知识来源问题上，王充批判了孔子"生而知之"说，否定了孟子的"良知良能"说，继承了孔子"学而知之"说、荀子"心有征知"说，提出"知物由学""学而后知，不学不知"思想。王充认为圣人不能先知，没有人天生可以通晓一切事物，知识的获得需要通过后天的努力学习，并由此提出"人才有高下，知物由学。学之乃知，不问不识"（《论衡·实知》）的观点。

　　王充的"自然"思想虽源于道家，却比道家的"自然"范围大得多，形成了其特有的"天道自然论""元气自然论""自然命定论"。"元气自然论"是王充哲学思想的核心。王充继承老子"自然"学说，吸收道家"气自然"论，建立了其元气自然论。认为天地、万物皆禀"气"而生，万物中有禀"精气"而成的，也有禀"和气"而生的，不论是天在运行过程中"施气"，还是万物的"禀气"自生，都是"自然无为"的。王充在道家基础之上发展起来的"自然"学说，是王充思想的重要组成部分，甚至还影响到王充的天论、天命论、人性论、政论等诸多方面。

　　王充对先秦儒家与先秦道家思想进行了广泛的梳理，并且提出了与当时主流思想截然不同的观点，写出了《论衡》这样一本奇书。在"疾虚妄"的基础上，对孔子、孟子、荀子、老子、庄子等思想家的思想，王充或有所吸纳，或有所评判。本书较为全面地梳理了王充对孔子、孟子、荀子、老子、庄子等人思想的理解、吸收和评判，初步厘清了蕴藏在王充特立独行又博大精深的思想体系中的先秦儒家思想脉络与先秦道家思想脉络。美中不足的是，对于王充这样一位奇人、《论衡》这样一本奇书而言，本人能力实在有限，无法全面把握王充对先秦诸子的解读，亦无法深刻认识王充思想的精妙之处，深感遗憾。期望在日后的学习、工作中，能有机会进行更加深入的研究。

主要参考文献

一 著作

[1] 司马迁：《史记》，中华书局，2014。
[2] 班固：《汉书》，中华书局，1962。
[3] 范晔：《后汉书》，中华书局，1965。
[4] 北京大学历史系《论衡》注释小组：《论衡注释》，中华书局，1979。
[5] 张宗祥校注、郑绍昌标点《论衡校注》，上海古籍出版社，2013。
[6] 陈蒲清点校《论衡》，岳麓书社，2015。
[7] 杨天宇：《礼记译注》，上海古籍出版社，2004。
[8] 杨伯峻译注《论语译注》，中华书局，2006。
[9] 杨伯峻译注《孟子译注》，中华书局，2008。
[10] 张觉校注《荀子校注》，岳麓书社，2006。
[11] 刘毓庆、李蹊译注《诗经》，中华书局，2011。
[12] 张世亮、钟肇鹏、周桂钿译注《春秋繁露》，中华书局，2012。
[13] 陈广忠译注《淮南子》，中华书局，2012。
[14] 陈鼓应注译《庄子今注今译》，中华书局，1983。
[15] 陈鼓应注译《老子今注今译》，商务印书馆，2003。
[16] 张岂之主编《中国思想史》，西北大学出版社，1989。
[17] 钱穆：《中国思想史》，九州出版社，2012。
[18] 王博：《中国儒学史·先秦卷》，北京大学出版社，2011。
[19] 许抗生、聂保平、聂清：《中国儒学史·两汉卷》，北京大学出版社，2011。

[20] 徐复观：《中国人性论史·先秦篇》，九州出版社，2013。

[21] 〔英〕崔瑞德、鲁惟一编《剑桥中国秦汉史》，杨品泉译，中国社会科学出版社，1992。

[22] 吕思勉：《秦汉史》，上海古籍出版社，2005。

[23] 梁启超：《先秦政治思想史》，中华书局，2015。

[24] 周桂钿：《秦汉思想史》，河北人民出版社，1999。

[25] 徐复观：《两汉思想史》，九州出版社，2013。

[26] 钱锺书：《管锥编》，生活·读书·新知三联书店，2007。

[27] 〔美〕郝大维、安乐哲：《孔子哲学思微》，蒋弋为、李志林译，江苏人民出版社，2012。

[28] 傅佩荣：《儒道天论发微》，中华书局，2010。

[29] 陆建华：《先秦诸子礼学研究》，人民出版社，2008。

[30] 孙以楷、陆建华、刘慕方：《道家与中国哲学·先秦卷》，人民出版社，2004。

[31] 牟宗三：《才性与玄理》，广西师范大学出版社，2006。

[32] 陈来：《古代思想文化的世界》，北京大学出版社，2017。

[33] 梁启超：《孔子与儒家哲学》，中华书局，2016。

[34] 曾振宇：《中国气论哲学研究》，山东大学出版社，2001。

[35] 李存山：《气论与仁学》，中州古籍出版社，2009。

[36] 田凤台：《王充思想析论》，（台北）文津出版社，1988。

[37] 徐斌：《论衡之人——王充传》，浙江人民出版社，2005。

[38] 邵毅平：《论衡研究》，复旦大学出版社，2009。

[39] 钟肇鹏：《王充年谱》，齐鲁书社，1983。

[40] 邓红：《王充新八论》，中国社会科学出版社，2003。

[41] 邓红：《王充新八论续编》，中国社会科学出版社，2007。

[42] 李维武：《王充与中国文化》，贵州人民出版社，2000。

[43] 吴从详：《王充经学思想研究》，中国社会科学出版社，2012。

[44] 郑文：《王充哲学初探》，人民出版社，1958。

[45] 王举忠：《王充论》，辽宁大学出版社，1991。
[46] 徐敏：《王充哲学思想探索》，生活·读书·新知三联书店，1979。
[47] 田昌五：《王充及其论衡》，生活·读书·新知三联书店，1958。
[48] 刘谨名：《王充哲学的再发现》，（台北）文津出版社，2006。
[49] 黄绍梅：《王充〈论衡〉的批判精神》，（台北）文史哲出版社，2011。
[50] 陈拱：《王充思想评论》，（台北）商务印书馆，1996。
[51] 陈正雄：《王充学术思想述评》，（台北）文津出版社，1987。
[52] 陈叔良：《王充思想体系》，（台北）商务印书馆，1982。
[53] 李伟泰：《汉初学术及王充论衡述论稿》，（台北）长安出版社，1985。
[54] 谢无量：《谢无量文集》，中国人民大学出版社，2011。
[55] 董平：《浙江思想学术史——从王充到王国维》，中国社会科学出版社，2005。
[56] 周桂钿：《王充哲学思想新探》，福建教育出版社，2015。
[57] 周桂钿：《虚实之辨：王充哲学的宗旨》，福建教育出版社，2015。
[58] 唐君毅：《中国哲学原论·原性篇》，中国社会科学出版社，2005。
[59] 郭清香：《耶儒伦理比较研究——民国时期基督教与儒教伦理思想的冲突与融合》，中国社会科学出版社，2006。
[60] 熊铁基、马良怀、刘韶军：《中国老学史》，福建人民出版社，2005。

二　学位论文

[1] 岳宗伟：《〈论衡〉引书研究》，复旦大学博士学位论文，2006。
[2] 汪梅枝：《〈论衡〉反义聚合研究》，山东大学博士学位论文，2006。
[3] 李沈阳：《汉代人性论研究》，华中师范大学博士学位论文，2008。
[4] 吕兆厂：《王充生平和思想研究》，山东大学硕士学位论文，2008。
[5] 孙秀伟：《董仲舒"天人感应"论与汉代的天人问题》，陕西师范大学博士学位论文，2010。
[6] 王繁：《东汉儒、道思想与社会风俗》，山东师范大学硕士学位论

文，2012。

[7] 智延娜：《〈论衡〉文献学研究》，河北大学博士学位论文，2013。

[8] 张美玲：《先秦两汉时期的谬误思想研究》，南开大学博士学位论文，2014。

[9] 丁虎：《从"有无之辩"走向"自然"之境》，华东师范大学博士学位论文，2016。

[10] 马婷婷：《汉代情论研究——兼论汉代情与礼、法的关系》，华中师范大学博士学位论文，2011。

三　学术论文

[1] 田文棠：《王充对孔丘及儒家学说的批判》，《陕西师范大学学报》（哲学社会科学版）1974年第1期。

[2] 肖美丰：《孟子人性思想管窥》，《安徽师大学报》（哲学社会科学版）1982年第4期。

[3] 邵毅平：《论王充〈讥俗〉、〈节义〉、〈政务〉、〈养性〉等书不在今本〈论衡〉之中——朱濂之〈王充著作考〉商兑》，《复旦学报》（社会科学版）1984年第1期。

[4] 郑文：《荀况对王充的思想影响》，《河北学刊》1984年第4期。

[5] 周桂钿：《王充传记资料考辨——兼评台湾学者对王充的研究》，《社会科学》1984年第5期。

[6] 朱绍侯：《论王充对孔子及儒家学派的评价》，《河南大学学报》（哲学社会科学版）1985年第1期。

[7] 朱绍侯：《王充对诸子的评价》，《河南大学学报》（哲学社会科学版）1985年第4期。

[8] 刘亦冰：《论王充对孔子思想的研究》，《绍兴师专学报》（社会科学版）1988年第2期。

[9] 刘奉光：《孔孟人性思想比较》，《辽宁师范大学学报》（社科版）1992年第1期。

［10］周桂钿：《评中外学者论王充》，《哲学研究》1992 年第 2 期。

［11］周桂钿：《简评王充〈问孔〉、〈非韩〉、〈刺孟〉》，《湖北大学学报》（哲学社会科学版）1992 年第 6 期。

［12］邓小军：《理学本体—人性论的建立——韩愈人性思想研究》，《孔子研究》1993 年第 2 期。

［13］周桂钿：《王充论儒》，《社会科学辑刊》1993 年第 3 期。

［14］陈静：《王充的天论与人论》，《甘肃社会科学》1993 年第 3 期。

［15］陈静：《试论王充对"天人感应论"的批判》，《哲学研究》1993 年第 11 期。

［16］季乃礼：《试论玄学中"自然"的儒化》，《社会科学战线》1996 年第 6 期。

［17］陆建华：《先秦道家和儒家的道德发生学说初探》，《中国哲学史》1998 年第 3 期。

［18］周桂钿：《我与王充〈论衡〉》，《福建论坛》（文史哲版）1998 年第 1 期。

［19］张涛：《王充易学思想简论》，《东北师大学报》（哲学社会科学版）2000 年第 5 期。

［20］戴建平：《王充的"疾虚妄"与怀疑精神》，《学海》2000 年第 4 期。

［21］王晓毅：《王充的命理学体系》，《孔子研究》2001 年第 6 期。

［22］唐子恒：《从〈论衡〉看王充对孔子的尊崇》，《晋阳学刊》2003 年第 3 期。

［23］江高鑫：《论王充对天人感应论的批判》，《赣南师范学院学报》2003 年第 5 期。

［24］王雪：《王充道家思想探析》，《安徽大学学报》（哲学社会科学版）2003 年第 4 期。

［25］吴建华、邓红：《王充天地论新议》，《吉林师范大学学报》（人文社会科学版）2003 年第 3 期。

［26］张雯琪、褚新国：《孔子人性思想发微——以"性相近也，习相远

也"为中心的考察》，《青海社会科学》2004年第3期。

[27] 丁四新：《世硕与王充的人性论思想研究——兼论〈孟子·告子上〉公都子所述告子及两"或曰"的人性论问题》，《文史哲》2006年第5期。

[28] 史少博：《王充论"命"》，《青岛大学师范学院学报》2006年第4期。

[29] 王敬平：《王充"命"论思想中蕴涵的启蒙意识》，《河南社会科学》2007年第3期。

[30] 陆建华：《告子辨析》，《孔子研究》2008年第2期。

[31] 叶金宝：《论孟子和荀子人性思想的融通》，《河北学刊》2008年第5期。

[32] 胡启勇：《性善与礼法——孟子礼法思想的人性根基》，《河南师范大学学报》（哲学社会科学版）2009年第1期。

[33] 刘占祥：《儒家人伦之"道"、道家自然之"道"与中国古代文论》，《内蒙古大学学报》（哲学社会科学版）2009年第2期。

[34] 吴从祥：《从〈论衡〉看汉代孟学之发展》，《阴山学刊》2009年第5期。

[35] 吴从祥：《从〈论衡〉看王充与谶纬之关系》，《西南交通大学学报》（社会科学版）2010年第1期。

[36] 吴从祥：《王充经学教育观探析》，《江西教育学院学报》（社会科学）2010年第2期。

[37] 张立文：《王充的天人之间》，《杭州师范大学学报》（社会科学版）2010年第6期。

[38] 王济民：《〈文心雕龙〉与〈论衡〉》，《华中师范大学学报》（人文社会科学版）2010年第6期。

[39] 王治理：《〈论衡〉对〈文心雕龙〉的影响》，《厦门大学学报》（哲学社会科学版）2011年第1期。

[40] 吴从祥：《王充"师事班彪"考辨》，《荆楚理工学院学报》2011年

第 3 期。

［41］王先亮：《论董仲舒、王充天论思想的内在趋同》，《连云港师范高等专科学校学报》2011 年第 3 期。

［42］王永哲、何丽君：《"自然"而"命不可勉"——从方法论视角分析王充关于"命"的观念》，《温州大学学报》（社会科学版）2011 年第 5 期。

［43］王先亮：《论董仲舒与王充人性论思想的内在趋同》，《衡水学院学报》2011 年第 6 期。

［44］时永乐、智延娜：《清人不重视校注〈论衡〉之原因》，《河北大学学报》（哲学社会科学版）2011 年第 6 期。

［45］石磊：《对"生知"思想的再解读》，《船山学刊》2012 年第 1 期。

［46］陆建华：《王充视界中的儒家人性学说——以〈论衡·本性〉为中心》，《孔孟学报》2013 年第 91 期。

［47］陈洪杏、刘娜：《"生而知之者，上也"疑义辨惑——兼谈"性相近"章、"我非生而知之者"章》，《中共福建省委党校学报》2014 年第 3 期。

［48］陆建华：《〈论语〉"生而知之者上也"章释解》，《中州学刊》2015 年第 3 期。

［49］陆建华：《孟子之气论——兼及心、性、气三者的关系》，《中原文化研究》2015 年第 5 期。

［50］邓红：《王充论董仲舒》，《广西大学学报》（哲学社会科学版）2016 年第 1 期。

图书在版编目(CIP)数据

王充儒道思想评介 / 颜莉著. -- 北京:社会科学文献出版社,2020.4
　　ISBN 978 - 7 - 5201 - 6081 - 0

　　Ⅰ.①王… Ⅱ.①颜… Ⅲ.①王充(27 - 约97) - 哲学思想 - 研究 Ⅳ.①B234.85

　　中国版本图书馆 CIP 数据核字(2020)第 026369 号

王充儒道思想评介

著　　者 / 颜　莉

出 版 人 / 谢寿光
组稿编辑 / 胡百涛
责任编辑 / 胡百涛
文稿编辑 / 程丽霞

出　　版 / 社会科学文献出版社·人文分社 (010) 59367215
　　　　　　地址:北京市北三环中路甲29号院华龙大厦　邮编:100029
　　　　　　网址:www.ssap.com.cn
发　　行 / 市场营销中心 (010) 59367081　59367083
印　　装 / 三河市尚艺印装有限公司

规　　格 / 开　本:787mm × 1092mm　1/16
　　　　　　印　张:14.25　字　数:198千字
版　　次 / 2020年4月第1版　2020年4月第1次印刷
书　　号 / ISBN 978 - 7 - 5201 - 6081 - 0
定　　价 / 98.00元

本书如有印装质量问题,请与读者服务中心 (010 - 59367028) 联系

▲ 版权所有 翻印必究